「伴睦二世」の戦後史
大野明とつや子の政治人生

参議院議員
大野泰正［監修］
拓殖大学教授
丹羽文生［著］

振学出版

監修者のことば

参議院議員　大野泰正《おおのやすただ》

父・大野明《あきら》は、党人派の大物として鳴らした祖父・伴睦《ばんぼく》とは対照的に、地味で控えめ、「選挙」より「政策」を重視するタイプでした。権謀術数が渦巻く中央政界の荒波の中、その政治生活は決して順風満帆とは言えず、二度の落選も味わっています。それでも地元の皆様からの温かいご支援を受け、四半世紀以上にわたって衆議院、参議院での議席を預かり、この間、労働大臣、運輸大臣の重責を担うことができました。

一方、二二歳で大野家に嫁いだ母・つや子は、祖父、父の政治活動をサポートしながら、私と兄・晃睦《あきちか》を育て、父の急逝に伴い自らも国政入り。政界引退後は、その志を継いで政治家となった私を、陰になり日向になって支えてくれました。

祖父も薫陶を受けた元首相・犬養毅は「政治に生きて政治に死ぬ」との言葉を残していま す。まさに両親は己の持つ力を全て政治に捧げ燃焼し尽くしました。一片の悔いもない政治人生だったと思います。

ただ、残念なことに、国会議員として激動の昭和・平成政治史の現場に立ち会いながら、二人とも祖父のように自伝的なものを書かずに、この世を去ってしまいました。特に父は「記録」という行為そのものに抵抗感があったようで、メモ一枚すらありません。

両親の足跡を後世に残すために何かできることはないだろうか……。母が他界して間もなく、そんなことを深く考えるようになりました。

母の一周忌を目前に控えた二〇二二（令和四）年一月半ばのことでした。祖父の生涯を綴った『評伝　大野伴睦　自民党を作った大衆政治家』（並木書房）の著者・丹羽文生《にわふみお》先生から「ご両親の政治人生を記録として残しませんか」とのご提案をいただいたのです。続けて「お二人の政治人生は戦後日本政治史そのものです。もちろん、執筆は私がお引き受けします。政治学者として遣り甲斐があります」とまで仰って下さいました。私は即、全面協力をお約束した上で、執筆をお願いしました。

丹羽先生は、息子である私ですら知らなかった両親のエピソードを数少ない資料の中から次々と掘り起こし、インタビューや取材を通じて事実関係の確認に努め、あっという間に書き上げて下さいました。泉下の両親も、さぞ喜んでいることと思います。丹羽先生との出会いは、当選同期の盟友である参議院議員・高橋克法《かつのり》先生のご紹介によるものでした。素晴らしいご縁を作って下さった高橋先生に、この場をお借りして改めて感謝申し上げます。

政治人生こそ波乱万丈な両親でしたが、家庭では父も母も、私たち兄弟にたくさんの愛情を注いでくれました。子煩悩な父は、「息子たちには寂しい思いをさせたくない」と、暇さえあればドライブに連れて行ってくれました。母は料理上手で、中でも隠し味にインスタントコーヒーを入れたカレーが絶品でした。短い期間でしたが、趣味が高じてレストランを開いたこともありました。

戦中派の両親は、戦争の壮絶さ、平和の大切さを一生懸命に語ってくれたこともありました。戦争体験者が急速に減る中、何とか、その記憶を次世代に伝えていきたいと思います。

二人の息子として生を享けたことは私の大きな誇りです。ぜひ、本書を通じて、多くの方々が両親に思いを寄せ、特に地元の皆様に懐かしんでいただければ、息子としては、これに勝る喜びはありません。

はじめに

本書は、前著『評伝 大野伴睦　自民党を作った大衆政治家』の続編とでも言えようか。元自民党副総裁・大野伴睦と言えば、一九五五（昭和三〇）年一一月の保守合同の牽引役として戦後日本政治史を語る上で欠かすことのできない大物政治家で知られる。理論家でもなければ政策通でもなかったが、義理人情を好むというスタイル、浪花節的なキャラクターから多くの大衆に慕われた。文字通り「大衆政治家」だった。

そんな伴睦の後継者となったのが四男・明である。「伴睦二世」としての重荷を背負いながらも、衆議院議員を九期、参議院議員を一期、この間、労働大臣や運輸大臣も歴任し、広範多岐にわたって数々の足跡を残した。一九九六（平成八）年二月、参議院議員現職のまま六七歳で没した明の後は、妻・つや子《こ》が議席を預かり二期務め、その後、二〇一三（平成二五）年七月からは二人の次男・泰正が、その志を継いでいる。

本書は、そんな「伴睦二世」夫妻の政治人生を記録したものである。前著の執筆を終えたあたりから自然と、明・つや子夫妻の生涯を描くことも筆者の役目であると感じるようになった。「記憶」に残るのと、「記録」に残るのとでは全く違う。

二人の政治人生を振り返ることは、戦後日本政治史をたどることと重なり合う。今の日本政治に欠けているものとは何なのかを探る意味でも有益だろうと考え、執筆に至った次第である。

目次

第2章　議政壇上に叫ぶ

第3章　中堅からベテランへ

第4章　艱難辛苦を乗り越えて

第5章　つや子の奮闘

凡例

一、基本的に人名表記や引用文中の旧漢字は、読み易さを考慮し新漢字に改めた。
一、難解と思われる語句にはルビを振った。
一、出典は（　）内に略記し、巻末の参考・引用文献一覧に書誌を示した。
一、敬称は略した。

第1章　「伴睦二世」の生い立ち

父の背中を見て育つ

初めに明の父・伴睦について触れておく必要があろう。伴睦の後継として国政入りした直後、明は「私は『新しい大野伴睦』として、これからの政治生活をうちたててゆくつもりである。運命の星のさだめの下に、あくまで立派な『伴睦二世』として自己完成をとげなければならない」と、その決意を語っているが（『伴睦さんは生きちょんさる』）、明の背後には常に伴睦の幻影が存在していた。

伴睦は、明治初期に岐阜県山間部にある山県郡谷合《たにあい》村の名門家に生まれた。一八歳で上京し、弁護士を目指して明治大学専門部法科に進むも、大正初めに起こった憲政擁護運動に参加した際に騒擾罪《そうじょうざい》の容疑で逮捕され退学処分となる。

これをきっかけに政治家を志した伴睦は、原敬《はらたかし》を総裁とする立憲政友会の院外団に入り、血沸き肉躍る仲間たちと政治活動に奔走、多感な青春を送った。院外団とは「政党の非議員の組織」で、演説会があれば弁士として、選挙があればスタッフとして、果ては総裁をはじめとする政友会の重鎮たちが地方遊説に出るときはボディーガードとして同行する「便利屋的な政界の底辺集団」のことを指す（『政客列伝』）。当時の外務大臣・加藤高明《かとうたかあき》の外交方針を指弾する国民運動を展開して治安警察法違反容疑で再び逮捕されたりもしたが、原の寵愛を受けながら、ここで研鑽を積んだ。

やがて原の推挙で貴族院の政友会系会派・交友倶楽部の書記長に就任し、一九二二（大正一一）年六月には、日本における「細菌学の父」こと北里柴三郎《きたざとしばさぶろう》のバックアップを受け、東京市会議員となった。この時、資金面で伴睦をサポートしたのが、政友会の衆議院議員で東京市会議員も兼務していた七歳年上の鳩山一郎《はとやまいちろう》であった。

伴睦は鳩山の薫陶を仰ぎ、二度の落選を経て故郷・岐阜から国政に転じた。戦時中の一九四二（昭和一七）年四月に行われた翼賛選挙において、大政翼賛会傘下にある翼賛政治体制協議会の非推薦候補として出馬し落選した以外は、一九六四（昭和三九）年五月に七三歳で亡くなるまで通算一三回の当選を果たしている。

この間、日本自由党幹事長、衆議院議長、北海道開発庁長官、自由党総務会長と数々の要職を歴任し、一九五五（昭和三〇）年一一月には日本民主党と自由党との保守合同を実現させた。その後は副総裁として初期自民党を育て上げ、自ら率いる大野派の結束を固めつつ、自民党内のキャスティング・ボートを握り続けた。

父・伴睦と明

伴睦は「伴ちゃん」のニックネームに象徴されるように、その独特のキャラクターから多くの人々に愛され、親しまれた。「サルは木から落ちてもサルだが、代議士が落ちればただの人」という名文句を残したことでも知られる。
「恩人救済のために」と刃物を持って自宅に入ってきた強盗を哀

れに思い、札束を手渡したというエピソードもある。伴睦は、よく「浪花節政治家」と揶揄された。しかし、当の本人は躊躇うことなく肯定し、「義理と人情とやせがまん」をモットーとして貫いた。そんな伴睦の背中を見て育った明も口癖のように「義理人情は人間愛の至高の哲理」と言って憚らなかった。（「第74回多士詳伝」）

伴睦浪人中に明誕生

明が生まれた一九二八（昭和三）年は、一九二五（大正一四）年五月に公布された普通選挙法に基づく最初の衆議院議員選挙が行われた年であった。父・伴睦は、一九二四（大正一三）年五月の前回選挙に岐阜三区（稲葉郡、山県郡）から、立憲政友会より分離して作られた政友本党公認で出馬し、憲政会の前職である武藤嘉門《むとうかもん》を相手に接戦を演ずるも惜敗、次なる戦いに向け準備を進めていた。

納税要件が撤廃され、満二五歳以上の全ての成年男性に選挙権が付与された初の普通選挙では、選挙制度も定数一の小選挙区制から中選挙区制に変更されたため、伴睦にとっては大きなチャンスだった。伴睦の選挙区である岐阜三区は一区に編入され、稲葉郡、山県郡に加え、岐阜市、武儀《むぎ》郡、郡上《ぐじょう》郡が新たに入り、定数三となった。

伴睦は師匠・鳩山一郎の指示に従い政友会に復党し、満を持して出馬するも、再び苦杯を嘗めさせられた。二連敗した伴睦だったが、それでも諦めることなく国政入りを目指した。

伴睦にとって四人目となる男児・明が産声を上げたのは、選挙後の一一月一三日のことだった。生まれた場所は伴睦の地元・岐阜の谷合村で、その後は東京で育った。

谷合村は一九五五（昭和三〇）年四月に近隣の富波《となみ》村、葛原村、北山村、北武芸《むげ》村、西武芸村、武儀郡乾村と合併し美山村、一九六四年（昭和三九）年四月には美山町となり、二〇〇三（平成一五）年四月、平成の大合併により、高富町、伊自良《いじら》村と一緒になって山県市に組み込まれている。末っ子で病弱だった明を両親は特に可愛がったという。

伴睦が、ようやく国会に議席を得たのは一九三〇（昭和五）年二月、明が一歳になったばかりの頃である。三回目の挑戦だった。

以後、伴睦は翼賛選挙で落選するまで四期連続当選を果たした。この間、日本の運命は大きく旋回しつつあった。戦火は中国大陸の山野に広がり、硝煙は太平洋の波濤に渦巻き、いよいよ「戦争の時代」へと突入していくのであった。

一方、明は慶應義塾幼稚舎に入学してからも頻繁に身体を壊し、両親を悩ませた。アレルギー性蕁麻疹《じんましん》に扁桃肥大《へんとうひだい》、自家中毒症にも苦しめられ、一年ほど休学したこともあった。その後、慶應義塾普通部、大学予科へと進み、やがて、健康な身体へと成長していった。

だが、第二次世界大戦末期に学徒動員で羽田飛行場近くの軍需工場で働いたところ、肺浸《はいしん》潤《じゅん》を患ってしまう。明は戦後の一九四六（昭和二一）年末まで闘病生活を余儀なくされた。途中、伴睦から「東京では米も食えないから、岐阜なら親戚が田んぼをやっていて、米も食える。しばらくそこで静養するように」と言われ、数ヵ月間、生まれ故郷で過ごしたこともあった（「今月のインタビュー」）。東京暮らしが長かった明だが、この時、岐阜に多くの友人を作ることができたという。以来、伴睦から「明、お前が若い人たちを知っているんだから……」と、選挙の度にスタッフとして駆り出されるようになったらしい。（同右書）

小菅まで迎えに

第二次世界大戦が終わって三ヵ月後の一九四五（昭和二〇）年一一月、鳩山一郎を総裁に四三人の現職の衆議院議員が結集し、日本自由党が発足した。翼賛選挙で敗北した伴睦としては、国会に議席がない現実が身に迫る思いだったという。悔しさを糧に、伴睦は再起を期して選挙基盤の強化に努めた。

翌年四月、大日本帝国憲法の下で最後となる衆議院議員選挙が行われた。この選挙では大選挙区制が採られ、伴睦の選挙区は岐阜全県区、定数一〇に対し三三人が出馬した。伴睦は本拠地である山県郡と武儀郡を堅守し、見事、第六位で勝利する。日本自由党は第一党となった。しかし、過半数には達しなかったため、同じ保守系の日本進歩党との連立政権を目指した。

伴睦にとっては夢にまで見た鳩山内閣の誕生である。ところが、大命降下《たいめいこうか》の連絡を待っていた鳩山のところに、突如としてGHQ（連合国軍最高司令官総司令部）からの公職追放の指令が届く。悲憤慷慨《ひふんこうがい》した伴睦は鳩山に政界引退まで申し出た。鳩山は、これを慰撫し、新しい総裁のために犬馬の労を取るよう伴睦を諭した。

リーダーを失った日本自由党は、外務大臣で貴族院議員の吉田茂《よしだしげる》をスカウトし、まず日本自由党の総務会長に招聘、その上で新たな総裁に充てることにした。当初、鳩山の要請を頑なに拒否していた吉田だったが、追放解除後は即時、総裁職を鳩山に返すことを条件に受諾し、日本自由党と進歩党との連立政権による第一次吉田内閣を発足させる。これに伴い、伴睦は日本自由党幹事長に就任した。

その後、しばらくの間、政党の離合集散が続いた。一九四七（昭和二二）年二月、新憲法施行を前に、吉田はＧＨＱの意向を受け衆議院を解散し、衆議院議員選挙と初の参議院議員選挙が行われることとなった。選挙戦に向けた動きが活発化する中で、日本協同党は協同民主党を経て、前回選挙後に発足した国民党と合併し国民協同党を、さらに吉田の政権運営に不満を持つ芦田均《あしだひとし》が日本自由党を離れ、進歩党と組んで民主党を結成した。

この選挙から中選挙区制が布かれた。岐阜全県区は二つに分かれ、伴睦の選挙区は定数五の岐阜一区となった。伴睦は政権与党の幹事長ゆえ、全国各地での遊説に飛び回り、自らの選挙運動は十分にできなかったものの、それでも候補者一四人中、第二位の成績で議席を守った。

しかし、全体の選挙結果は大方の予想に反して日本社会党が躍進し、日本自由党は第一党の座を奪われてしまう。結果、委員長の片山哲《かたやまてつ》を首班とする社会党、民主党、国民協同党、参議院の最大会派・緑風会を加えた連立政権が誕生し、日本自由党は野に下った。だが、政治的立場が大きく異なる「寄り合い所帯」の連立政権は混乱が続いた。

社会主義的目玉政策だった石炭増産と炭鉱の国有化を目指す炭鉱国家管理法案は内紛によって骨抜きとなり、民主党では社会党に対する不満から保守派が離党し、同志クラブが結成される。結局、内輪揉めで政権運営がおぼつかなくなった片山内閣は九ヵ月で瓦解した。

一九四八（昭和二三）年三月、民主党の芦田を首班に、同じく三党による連立政権が成立した。一方の日本自由党は民主党の脱党組と合流し、民主自由党を結成した。幹事長として日本自由党の中核を担ってきた伴睦は、これを機に辞任し、民自党の顧問となって裏方に徹することにした。

それから間もなく、芦田内閣の政権基盤を揺るがす汚職事件が起こった。昭和電工事件である。昭和電工は日本屈指の大手化学工業会社で、戦後の荒廃した日本経済の復興を促進すべく設立された復興金融金庫からの融資を受けるために政官界に多額の賄賂を配ったという大型疑獄である。

伴睦も、これに巻き込まれ、逮捕されてしまう。先に逮捕された元農林次官の重政誠之《しげまさせいし》から受領した二〇万円が、昭和電工事件を揉み消すための請託を受けた賄賂だったという容疑である。これは重政による通常の政治献金であって、決して揉み消しのための賄賂ではなかった。伴睦は小菅《こすげ》の東京拘置所に収容、起訴された。これにより伴睦の政治力は一気に低下した。それでも、冤罪を信じる多くの仲間たちが獄中の伴睦を励ましに次々とやってきた。有田二郎《ありたじろう》、神田博《かんだひろし》、村上勇《むらかみいさむ》といった、後に結成される大野派の中核となった面々である。

収監から一ヵ月後、取り調べが一段落した段階で、ようやく保釈が許された。小菅まで迎えに行ったのは三男・伴雄《ともお》と明だった。久しぶりに自宅に戻った伴睦は、獄中生活の疲れも見せず、一風呂浴びた後、意気揚々と日本酒を呷《あお》った。

この昭和電工事件により芦田内閣は半年足らずで退陣し、後継内閣は、第一党たる民自党の総裁・吉田が引き継ぐこととなった。長い裁判を経て、ようやく伴睦の無罪が確定したのは一九五一（昭和二六）年一月のことだった。

スポーツに明け暮れる

僕は幼稚舎からずっと来ましたから、点が悪いから法学部へやらされたんじゃないかと。（中略）私のすぐ上の兄貴は同じコースで経済学部だったんです。だから兄貴のノートをもらえば楽だったけど、経済学部に行く点がなかったんじゃないかな。（「今月のインタビュー」）

慶應義塾大学法学部政治学科に入学した明は、野球、スキー、サッカー、ヨット、登山と、様々なスポーツにチャレンジした。中でもスキーはプロ級と評されるほどの腕を磨いた。後に明は「よく志賀高原に行ったが、その頃は今と違う。朝早く宿屋でニギリ飯を作って貰い、四～五時間もかけて登り滑降する。滑る時間はたったの一五分位だ。今のように、リフトに足をぶら下げて腰かけ、足を冷やして滑れば骨折もしやすくなる」と語っている。（「父伴睦があと三年存命なら・・・」）

ヨットでは、こんなハプニングに見舞われたこともあった。ある日、仲間と一緒に神奈川県の湘南海岸に浮かぶ江の島を一周しようと、午後二時頃に三浦半島西部・葉山を出艇した。ところが、しばらくして雲行きが怪しくなり、やがてバケツをひっくり返したような豪雨に。引き返そうとも思ったが、若気の至りで、そのまま江の島に向かったところ、強風により転覆、命拾いしたという。「幸い海岸近くだったため泳いで辿りついたが、ビショ濡れのうえ金は無し、日影茶屋に仲間の知人がいたので、タオルを借り、タクシーを呼んで貰い葉山に帰った。ところが帆を濡らしたため、乾かすのに丸一日かかると、翌一日分の料金を支払わされたのは、学生の身にとって大痛手だった」と述懐している。（同右書）

スポーツのエピソードには事欠かない明だったが、本業の勉学の方は「余りしなかった」らしい（同右書）。政治学科に入ったのも別に政治家を目指していたからではなかった。ただ、伴睦は早くも明を自らの後継に考えていた。しかし、当時、実業家を志していた明にとって、興味のない授業を受けるのは苦痛でしかなかった。明は勉学そっちのけでスポーツに熱中した。

そんな明の姿は、両親にとっては生臭坊主にしか映らなかった。ついに伴睦の堪忍袋の緒が切れる。子煩悩な伴睦が明を叱ったのは、これが最初で最後だった。

私は、学生時代遊びすぎて、父の怒りを買い、「半勘当」みたいな処分をうけた。そのころ京都に住んでおられた小栗多賀市さん（いま岐阜市）のところに預けられた。小栗家では、たいへんご親切に私の面倒をみてくださった。「反省のいろ顕著」ということで帰宅が許され、三ヵ月めにひきあげた。家へ入ると、父から「ばかやろうッ」と、一喝をくらった。「母ちゃんのところへ行ってあやまれ」その一言ですんだ。あとは何も言われなかった。大喝一声を放った父の顔が、なんとなくうれしそうにみえた。（『大野伴睦』）

厳しくも優しい伴睦を明は心から尊敬し、敬意を持って接した。在学中に運転免許を取得した明は、時々、運転手として伴睦の政治活動に同行することもあったという。

明の自動車好きは単なる道楽ではなく本物だった。社会人になってからは、稼いでは自動車を買い換え、自ら修理し、時には全塗装することもあった。明は「日本はもともと鎖国主義だったものが明治の文明開化を経て近代、そして終戦を迎えた。そこでアメリカの兵隊がやってきた。私はそのアメリカ兵たちの機動力におどろいた。これは将来、日本にも車の時代がやってくると思いました。ですから車の免許をすぐ取りました」と語っている。（『歴代労相と戦後労働行政秘史』）

一時期、自動車の最新技術を学ぶためアメリカに渡ることも考えたらしい。だが、英語が苦手な上、ビザ申請に際してのトラブルもあり断念したという。

「さすが伴睦の倅じゃ」

慶應義塾大学卒業を控えた一九五一（昭和二六）年秋のことである。突然、伴睦が明に対し、政界引退後は、自分の地盤を継がせると言い出した。

明は大いに戸惑った。続けて伴睦は「卒業したら、よその家のメシをくわしてもらえ。他人に鍛えられないと役に立つ人材にならん。じつは、ゆうべ、新橋の花蝶で、藤井丙午くん（当時八幡製鉄常務取締役）たちと碁会をやった。そのとき藤井くんが『息子さんが来年卒業されるそうだが、うちの会社で使うから本人を一度よこしなさい』と言ってくれた。さっそく行ってみろ」と言う。（『大野伴睦』）

藤井丙午《ふじいへいご》は岐阜県加茂郡黒川村生まれの同郷で、戦前、元文部大臣の平生釟三郎《ひらおはちさぶろう》に嘱望され、平生が会長を務める日本製鐵へ。その後、一九四七（昭和二二）年二月の第一回参議院議員選挙で全国区から無所属で出馬し当選するも、一期で退任し、当時、日本製鐵が分割して発足した八幡製鐵に復帰していた。一九七四（昭和四九）年七月には岐阜選挙区から参議院議員に返り咲き、二期目の任期中に死亡している。

それほど乗り気ではなかったが、明は指示に従い、伴睦の名刺を持って藤井の待つ本社へと向かった。三〇分ほど待たされた後、藤井が颯爽と明の前に現れた。


「慶応の同学年のうちで何番ぐらいの成績かね」

「わかりません。慶応は成績順位を知らせませんので・・・」

「クラスでは何番めかね」

「それも発表してくれないのでわかりません」

「うちは、東大の一、二番でないと入社できないんだよ」

「そうですか。よくわかりました。私は入社したくてお願いにあがったわけでないのです。父が行ってこいとすすめたので、あがったのです。それでは、けっこうです」(同右書)

明は、そそくさと会社を後にした。藤井は唖然とする他なかった。大した度胸である。帰宅した明は、伴睦から一喝を食らうことを覚悟し、ありのままを報告した。伴睦は黙って耳を傾けた。

「そうか、よろしい。見どころがある。さすが伴睦の倅じゃ。お前の人生だ、好きなようにせい」（同右書）

こうして明は、慶應義塾創立者・福沢諭吉《ふくざわゆきち》が唱えた「独立自尊」の精神を体現するかのように、卒業二年目にして、慶應義塾幼稚舎からの親友・小島馨《こじまかおる》と一緒に印刷会社を設立した。「慶応の先輩で石井さんという人の所で仕事を手伝ったのですが、どうもサラリーマンが性に合わなかった」という（『歴代労相と戦後労働行政秘史』）。伴睦の威光を借りれば、いくらでも商売は上手くいくはず。しかし、「獅子の子落とし」ではないが、伴睦は一切、手を貸そうとはしなかった。明も何の期待もしていなかった。

化粧品会社・資生堂から請け負った石鹸の箱と包装紙への印刷が主たる業務だった。「王子に工場を持ち、新橋のガード下に事務所を構えた。電車が通過すると電話は聞きとり難く、雨が降ると雨漏りがするひどい事務所だった」という。（「父伴睦があと三年存命なら・・・」）

明は毎朝、小型トラックに乗って出社した。午前中は事務処理、午後は工場に向かい、製品を積んで資生堂の倉庫に運ぶ。倉庫を管理する資生堂の若い社員から「そんな積み方では困るよ」と叱られることも度々で、額から流れる汗を拭いながら積み替え作業を行った（同右書）。夜は資生堂に加え、大手家電メーカー・松下電器産業、百貨店の丸物《まるぶつ》といった得意先の接待で大忙し。

ある日のこと、突然、母・君子《きみこ》が事務所を訪ねてきた。みすぼらしい事務所に君子は愕然とする。薄暗く、風通しも悪い。そこで君子は早速、へそくりを叩《はた》いてオフィスビルの一室を用意した。もちろん、伴睦には内緒である。君子の優しさに胸を打たれた明は、いつの日か必ず恩返ししようと心に誓った。

その日は意外に早く訪れた。それは一家そろって久しぶりにレストランで外食を楽しんでいた時のことだった。いつものように深酔いする伴睦を横目に君子は、酒飲みの夫を持って苦労したと愚痴り、家族のうち誰か一人ぐらい下戸ならいいのにと、テーブルを囲む明たち兄弟の顔を見回し呟いた。これを機に明は、きっぱりとアルコールを絶ったのである。せめてもの母親孝行だった。その結果、明は「おチョコ一杯、ビールはコップ半分で、心臓がドキドキ、顔が真っ赤」になるほどの下戸になったという（「次代を担う政界のホープ」）。

さらに、明は銀座に洋服店を出店し、自動車好きが高じてかタクシー会社まで創業した。自らドライバーとなってハンドルを握ることもあったらしい。寝る間を惜しんで仕事に没頭した。

保守合同のドラマ

その頃、伴睦は押しも押されもせぬ大物政治家として頭角を現していった。しかし、伴睦には一日として気分が晴れる日はなかった。恩人・鳩山一郎と吉田茂の確執である。

公職追放により一時的に日本自由党を吉田に預けていた鳩山は、一日千秋の思いで追放解除を待った。だが、その間、吉田は着々と政権基盤を固め、「ワンマン宰相」として権勢を振るい、日本自由党の後継政党たる民自党、そして自由党は完全に吉田カラーに塗り変えられていた。

鳩山の追放解除後、伴睦は何とか円滑に吉田から鳩山への政権授受が実現できるよう間に入るも、二人の溝は埋まらず、自由党内は親吉田派と、鳩山に近い反吉田派の対立が鮮明になっていった。一九五二（昭和二七）年二月、自由党に対抗する進歩的国民政党として、重光葵《しげみつまもる》を総裁に改進党が結成されると、鳩山は、この改進党に急接近していった。

その年の四月二八日に講和条約が発効、それを花道に吉田の引退が囁《ささや》かれるようになっていったが、自由党の吉田系と鳩山系との攻防は激しさを増すばかりであった。そんな中、吉田は批判を強める鳩山系を牽制しようと、八月末、「抜き打ち解散」に打って出た。鳩山系の怒りは頂点に達し、自由党は吉田系と鳩山系とに別れて選挙戦に臨むこととなった。選挙結果は、自由党が辛うじて過半数を獲得するも、後遺症として鳩山系が民主化同盟を旗揚げし、党内野党的な立場で吉田を揺さぶった。

その後も吉田は自由党内の紛擾に右往左往、野党の攻勢にも悩まされた。そこで翌年三月、吉田は再び伝家の宝刀を抜く。世に言う「バカヤロー解散」である。解散と同時に鳩山は吉田と決別し、分党派自由党を結成した。分党派自由党は自分たちこそ本流であるとして同じ「自由党」を名乗るが、一般には「吉田自由党」と区別するため「鳩山自由党」と呼ばれた。

それでも伴睦は鳩山に対し、繰り返し自由党への復党を求め、ようやく鳩山も重い腰を上げ、鳩山自由党三四人中、二六人が古巣に戻った。しかし、三木武吉《みきぶきち》を筆頭とする八人は、新たに日本自由党を結成して吉田打倒を継続した。この間、伴睦は二度にわたって衆議院議長就任の栄に浴し、さらに一九五三（昭和二八）年五月には、吉田最後の内閣となる第五次吉田内閣に国務大臣として初入閣を果たした。

年が明けた一九五四（昭和二九）年一月、伴睦は北海道開発庁長官に横滑りした。だが、その頃、造船疑獄事件の摘発により、吉田ワンマン体制に陰りが見え始めていた。このままでは政権運営は行き詰まる。そこで吉田内閣の副総理でもある自由党の緒方竹虎《おがたたけとら》が難局突破のため、改進党との合併を提案し、国民に向け「時局を案ずるに、政局の安定は、現下爛頭《らんとう》の急務」で始まる声明文を発した。これに改進党も応ずる構えを見せ、日本自由党も前向きな態度を示したが、誰をトップに据えるかで意見が割れ、実現には至らなかった。

これとは別に、日本自由党の三木は、自由党の鳩山系に加え、同じく自由党の反主流派に位置する岸信介《きしのぶすけ》の一派も引き入れ、改進党をも巻き込んだ反吉田派の結集による新党結成に動き出した。鳩山は再び自由党を脱党することを決めた。吉田からの要請により、七月に北海道開発庁長官から自由党総務会長に転じた伴睦は、鳩山に翻意を促すも、その決意は固く、「大義親を滅す」として、涙を浮かべながら鳩山と袂を分かった。（『大野伴睦回想録』）

一一月、自由党の鳩山系、改進党、日本自由党が糾合し、鳩山を総裁、岸を幹事長に日本民主党が発足する。これは吉田にとって致命的打撃となった。ついに日本民主党を筆頭に、講和問題で割れていた社会党の右派、左派も協力して内閣不信任決議案を提出、吉田は衆議院を解散しようとするも叶わず総辞職し、トップの椅子から降りることとなった。

鳩山が首班指名を受けたのは一二月九日のことだった。吉田の総辞職後、依然として第一党にあった自由党は、緒方を首相にすべく工作を行ったが、吉田亜流を嫌った社会党の左派と右派は、日本民主党との間で、休会明け早々に衆議院を解散することを申し合わせ鳩山に投票し、第一次鳩山内閣が発足した。

鳩山は約束通り、一九五五（昭和三〇）年一月、衆議院を解散した。かつて、首相ポスト目前にして公職追放の憂き目に遭い、しかも、公職追放が解除される寸前に脳溢血《のういっけつ》で倒れた鳩山に対する同情から、選挙戦では「鳩山ブーム」が起こった。ところが、選挙結果は第一党になったとはいえ、日本民主党にとっては決して芳しいものではなかった。逆に社会党、特に左派は大きく議席を伸ばし、右派との再統一に向けて動き出そうとしていた。

選挙後、第二次鳩山内閣が成立した。しかし、過半数を上回る野党勢力の存在は、国会運営を困難なものにした。こうした状況を打破するためにも同じ保守政党である自由党との保守合同は焦眉の急であった。

紆余曲折が続く中、最後の大勝負に打って出たのが日本民主党の三木だった。三木は自由党との合併のため、宿命のライバルである伴睦に直談判することを決めた。もともと二人は同じ旧日本自由党の鳩山系だったが、鳩山の公職追放中に、吉田の下で出世していく大野を三木は攻撃の的にし、誰もが知る犬猿の仲となっていた。

五月一五日夜、二人だけの会見が行われた。「天地神明に誓って私利私欲を去り、この大業を成就させる決心だ」と力説する三木に、伴睦は徐々に吸い込まれていく（同右書）。そして、ついに「俺はこれだけを仕遂げてからあの世に旅立ちたい」との一言で伴睦の用心は一気に吹っ飛んだ。（『三木武吉伝』）

義理人情に厚い伴睦は「三木さん、僕も男だ。君にその決意がある以上保守合同の道はおのずと開ける。ともに力を合わせようではないか」と応じ、二人は手を握り合った。伴睦は相手が誰であれ、一旦、怨念が氷解すれば過去の遺恨を忘れ、その日からでも「水魚の仲」になれるという天性の才能の持ち主だった。（『派閥』）

二人の会見から半年後の一一月一五日、日本民主党と自由党の保守合同により戦後最大の単一自由民主主義政党・自由民主党が結成される。伴睦は緒方、鳩山、三木と並んで総裁代行委員に就任した。これにより、翌年春に総裁公選を行うことを前提に、鳩山は一旦、総辞職し、その上で第三次鳩山内閣を発足させた。自民党と社会党の二大政党を主軸とする「五五年体制」がスタートしたのであった。

この間、明は事業の傍ら私設秘書として伴睦を支えた。戦後日本政治史に深く刻み込まれているる保守合同というドラマ、そして、その主役たる父・伴睦の雄姿は、明の目に、どう映ったのだろうか。

結婚、そして事業拡大へ

一九五六（昭和三一）年三月、二八歳となった明に見合い話が転がり込んできた。相手は二二歳、資生堂常務で後に理事となる植松圭四郎《うえまつけいしろう》とその妻・敬子《けいこ》の次女・つや子である。つや子曰く「ある方にお茶に誘われて、気軽に出かけていったところ、それがお見合いの席だった」という（「顔」）。

つや子は、まだ結婚する気にはなれなかった。しかし、あっさり断るのも相手に失礼である。考え抜いた挙句、つや子は何と出されたケーキを食い散らかし、音を立てながらコーヒーを飲み、わざと明に嫌われようと必死の演技を見せた。

ところが、そんな茶目っ気たっぷりのつや子の姿に、逆に明は一目惚れ。この日以来、一日も欠かさず愛車に乗って、当時、東京・葛飾にあったつや子の自宅に通い、デートに連れ出すようになった。鬱陶《うっとう》しさを感じたつや子は居留守を使うこともあった。

だが、明の熱意が伝わったのか、デートを重ねるうちに、つや子も少しずつ思いやりのある優しい明に惹かれていった。そして、明の「社員には家族がいる。給料を払うために僕たちは味噌と塩をなめるかもしれないが、ついて来てくれ」の一言で、つや子は結婚を決意する。

（「この人と60分（36）」）

見合いから二ヵ月後に婚約、そして一一月二八日、日比谷の帝国ホテルで結婚式が行われた。出会って八ヵ月というスピード婚だった。媒酌人は伴睦率いる大野派の番頭役・郵政大臣の村上勇夫妻が務めた。

披露宴には総勢三五〇人余りが出席し、鳩山内閣からは法務大臣の牧野良三《まきのりょうぞう》と経済企画庁長官の高碕達之助《たかさきたつのすけ》が公務のため欠席した以外、全員が顔をそろえた。自民党からは幹事長の岸信介や政調会長の水田三喜男《みずたみきお》、愛知県知事の桑原幹根《くわはらみきね》や静岡県知事の斎藤寿夫《さいとうとしお》も遠方から上京し、藤山コンツェルン率いる日本商工会議所会頭の藤山愛一郎《ふじやまあいいちろう》をはじめ多くの財界人も列席した。

婚約したばかりの明とつや子

来賓を代表してスピーチに立った首相・鳩山一郎は、新郎新婦を前に「お互が立派な家庭を築いていくためには、独立自尊の精神を持っていかなければならない。それには自分の尊さを知ることが、当然、お互の尊さを知ることにもなるので、お互がお互の尊さを考え、愛し合っていったら立派な家庭も築かれ、それが両親を喜ばせることにもなるのである」と述べ、その前途を祝福した。

（「政・財界の名士を集めた大野植松両家の結婚式」）

結婚後、伴睦から「もっと男らしい大きな仕事をしたらどうか」と言われた明は、一九五八（昭和三三）年七月、資本金二〇〇〇万円で日本耐火建築という土建会社を設立した（「父伴睦があと三年存命なら・・・」）。これまで何の手助けもしなかった伴睦だったが、言い出しっぺとしての責任感からなのか協力を惜しまなかった。東京本社は完成したばかりの日本消防会館四階に置かれた。この建物は伴睦が会長を務める日本消防協会所有の鉄筋コンクリート造のビルで、総工費は全て伴睦が自らのネットワークを使って集めた寄付金で賄われた。

日本耐火建築は瞬く間に規模が大きくなり、従業員約一五〇人、東京本社とは別に岐阜支店、山形出張所、名古屋営業所、さらには神奈川県大和市に約二〇〇〇坪の土地を買い、約六〇〇平方メートルの鉄骨加工工場を建てるほど急成長し、その後、「大明建設」と社名を変更した。しかし、「伴睦二世」らしく明は、利益よりも「情」を重んじるビジネスに徹したため、台所事情は厳しかったという。

他方、明は実業家としての忙しい合間を縫って、これまで通り伴睦の私設秘書も続けた。さらに自民党東京都連青年部副部長にも就き、結成間もない自民党の党勢拡大に汗を流した。

「そうと知っていれば」

明の妻・つや子は、明が生まれて六年後の一九三四（昭和九）年二月二七日、東京・目黒で産声を上げた。三人姉妹の真ん中だが、長女・道子《みちこ》は生後一週間ほどで、この世を去っている。当時、父・圭四郎は資生堂の営業担当だった。そのため一家は引っ越しを繰り返した。

幼少期のつや子

妹・町子《まちこ》によると、つや子は男勝りの活発な少女だったらしい。動物や虫が大好きで、両親に内緒で捨て猫を飼い、迷い込んできた雀の雛を育てたこともあった。さらに、蛙《かえる》の解剖をしたり、父の腕時計を分解したりするほど手先が器用だったという。

そんなつや子にとって、幼少期の忘れ難き記憶が戦争体験である。晩年、つや子は一九四五（昭和二〇）年三月の東京大空襲と疎開先での暮らしぶりについて「岐阜新聞」のインタビューに答えている。その記事を一部抜粋して紹介したい。

大野さんは東京・目黒の生まれ。1945年3月10日未明の東京大空襲当時は国民学校5年生で、江戸川に近い郊外の葛飾区鎌倉町の借家に住んでいた。

都内は連日のように空襲があった。「B29はよく来ました。グォングォンと。川向こうの国府台（千葉県市川市）に高射砲陣地があって、弾を撃つわけよ。だけど、手前でみんな破裂してるの」

大空襲当夜の被災は免れたが、母子3人での疎開が決まり、もんぺ姿で家族の分の切符を買いに1人で上野駅に行った。翌日か、翌々日と記憶する。「そしたら、また空襲になるの。『駅にいたら危ない』と駅員に怒られて。上野の山に逃げてったの」

逃げ込んだ上野公園で目にしたものは、積み上げられた焼死体の山だった。「ちょっとやそっとじゃないよ。天井の高さぐらいはあったよ」。真っ黒に焦げた人もいれば、暴れたように手を伸ばした人、体の半分が焼けた人・・。小さな子どもを抱いた遺体は、性別も分からないぐらい焼け焦げていた。

「これが本当に地獄絵じゃないの」

（中略）

疎開先は母親の郷里に近い静岡県稲梓村（現在の下田市）だった。伊豆半島の山間地だが、下田港が近いせいか艦載機が飛来し、機銃掃射を受けた。

「下級生を茶畑に隠して、『みんな、動かないでーっ』って。ダダダダッと土煙が上がって。にらんでたら操縦してる人間と目が合って、向こうがニヤッと笑ったの。悔しくってね」

終戦の日は、近くのラジオがある民家に近所の人たちが集まり、大野さんも後ろの方で玉音放送を聴いた。静まり返る中、誰かが「負けたんだって…」とつぶやいた。勝つと信じていただけに、その言葉が胸に刺さった。（「岐阜新聞」二〇一九年八月一五日）

戦後、「躾がしっかりしているから」という母・敬子の勧めで、つや子は葛飾に隣接する千葉県市川市にある国府台《こうのだい》女子学院高等部に入学した（「この人と60分（36）」）。「規律も厳しかっ

伴睦の墓所に置かれた虎の石像の上で遊ぶ長男・晃睦（前方）と次男・泰正

たけれどやさしさや助け合いの気持ちも学校にはありました」と語る（同右書）。葛飾の住まいが大雨による洪水で床下浸水の被害を受けた時は、クラスメートたちが野菜を持って見舞いに来てくれたという。

当時、つや子は理系大学への進学を目指していた。だが、両親の反対に遭い断念し、卒業後は花嫁修業のつもりで洋裁学校へ通った。

結婚後、つや子は家庭に入った。伴睦は、つや子が作る甘辛く煮た枝豆とドーナツが大好きだったという。後に、つや子は「義父は大野伴睦。でも、その時は、よもや主人が、のちのち、そのあとを継ぐとはユメにも思っておりませんでしたね。……そうと知っていれば、嫁つぎませんでしたわよ、きっと」と回想する（「顔」）。この時は、明はもちろん、自らも政治家になる日がやって来るとは想像もしていなかった。

一九五七（昭和三二）年九月一一日に長男・晃睦、一九五九（昭和三四）年五月三一日には次男・泰正が誕生した。つや子は子育てに追われる日々を送った。

幻の「伴睦首相」

一九五六（昭和三一）年四月に自民党の初代総裁に選ばれた鳩山一郎は、最重要課題であった日ソ国交回復の実現と日本の国連加盟を花道に、一二月一三日、総辞職し、新たに石橋湛山《いしばしたんざん》内閣が発足した。しかし、首班指名から間もなく過労で臥床した石橋は、そのまま公務に戻ることなく在任期間わずか六五日間で退陣するに至った。

石橋の辞任を受け、自民党は、外務大臣で首相臨時代理の職にあった岸信介を後任とすることと決し、一九五七（昭和三二）年二月二五日、第一次岸内閣が誕生した。岸にとって最大の政策課題は日米安保条約改定だった。六月、岸はアメリカに飛び、アイゼンハワーとの間で交渉に挑み、改定への道筋を切り開いたところで、帰国後、内閣改造を断行した。これに伴い岸は、石橋内閣が総辞職する直前に自民党顧問という立場に就いていた伴睦を初代副総裁に起用した。以降、伴睦は一時期を除いて没するまで副総裁の椅子に座り続けた。伴睦は絶頂期を迎えていた。

順調な滑り出しを見せた岸内閣だったが、警察官職務執行法改正案の強行採決で野党の反発を招き、自民党内の反主流派からも批判が上がり、政権運営は厳しい局面に立たされていた。もし、ここで伴睦が反主流派と組めば日米安保条約改定は行き詰まり、岸内閣は瞬く間に崩壊する。そこで岸は伴睦に政権禅譲の密約を交わすことで、危機の打開を図ろうした。（『政客列伝』）

一九五九（昭和三四）年一月、岸は熱海の別荘に伴睦を招き、政権禅譲を打診、数日後には誓約書まで交わした。伴睦が本気でトップを目指していたかどうかは疑わしいが、せっかく政権禅譲するというのに断る理由はない。これにより岸は辛うじて危機を脱して、一週間後、総裁に再選された。

改定に向けた日米間の交渉も無事に終わり、新たな日米安保条約の調印に至った。ところが一九六〇（昭和三五）年六月、国会での批准承認に際して野党の攻勢に加え、国会議事堂の外でも全学連（全日本学生自治会総連合）を中心とする激烈な安保闘争が繰り広げられた。間もなく自然承認を迎えるも、力尽きた岸は退陣を決意した。こうして、いよいよ伴睦に宰相の座が回ってくるはずだった。

伴睦は早速、総裁選挙への出馬に向けた準備を進めた。ところが、岸との密約は、危機を乗り切るための「空証文」でしかなかったことが明らかとなる。伴睦は「身を殺して仁を成す」として出馬辞退を決断した。落胆した伴睦は涙を流しながら悔しがったという。

岸の後継首相には池田勇人《いけだはやと》が選ばれた。池田は「寛容と忍耐」をスローガンに「低姿勢」で政権運営に臨むと同時に「国民所得倍増計画」を掲げて経済重視というソフト路線を敷くことによって、安保闘争後の世相を覆う重苦しい空気を打ち消そうとした。伴睦は自民党顧問、一年後の一九六一（昭和三六）年七月には再び副総裁に就任した。総裁選挙でのわだかまりはあったものの、伴睦は全力で池田を支えた。

一方、明は新たなビジネスに挑戦しようとしていた。たまたまアメリカの建築専門誌を読んでいたところ、総合電機メーカーのゼネラル・エレクトリックが、自前でマンションを建て、住人に対して古くなった電気製品を下取りし、新たな自社製品を売り込んで成功しているとの記事が目に留まった。日本でも白黒テレビ、洗濯機、冷蔵庫の「三種の神器」、電気釜（炊飯器）や掃除機が一般家庭に出回り、消費革命が起こりつつあった。明は、これと同じビジネスを日本で始めようと北海道に約一〇万坪の土地を購入した。北海道を選んだのは「土地が安く、人口の集中度からも発展性があったから」だった。（『歴代労相と戦後労働行政秘史』）

これとは別に明は、故郷・岐阜でも、グランドホテル岐阜や伴睦が会長を務めるラジオ岐阜の経営に携わった。加えて愛知県名古屋市にある東海ラジオ放送の子会社・東放企業の役員も兼務し、若手経済人として財界から一目置かれる存在となっていった。

伴睦逝く

一九六三（昭和三八）年一一月、伴睦にとって生前最後となる衆議院議員選挙が行われた。七三歳、世間からは「伴睦老」と形容されていたが、そのパワーは全く衰えていなかった。大野派のメンバーを中心に、伴睦は自民党副総裁として仲間の応援で全国を駆け回った。

岐阜一区での戦いは、伴睦の命により、明が街頭演説から個別訪問までの全てを任された。

そんな姿を見て伴睦陣営の誰もが、明こそ伴睦の後継に相応しいと確信したという。明も、そう遠くないうちに選挙に打って出る覚悟を決めていた。

明の努力が功を奏し、伴睦は一三回目、六回連続でのトップ当選を果たした。第二位の野田《のだ》卯一《ういち》を四万票以上も引き離しての勝利だった。伴睦は周囲に「俺は衆議院を引退して四男・明に譲り、自分は参議院の全国区で百五十万票最高点当選が今後の念願だ」と漏らしていたらしい（『大野伴睦』）。

しばらくして伴睦は政府特使として韓国に派遣された。朴正煕《パクチョンヒ》の大統領就任式に出席するためである。一二日間の長旅は七三歳の伴睦には相当に堪えたようで、体調の優れない日々が続いた。

翌年三月一〇日、伴睦を病魔が襲った。脳血栓で倒れた伴睦は自宅療養を経て、当面、慶應義塾大学病院に入院することとなった。そして、五月二九日、その日がやってきた。伴睦の最期を明は、こう綴っている。

昭和三十九年五月二十八日夜、私は、東京・五反田の自宅の寝床で、父のことばかりを思っていた。目が冴えて、なかなか眠れない。てんてんとして「なぜ、こんなに眠れないのか」とつぶやいたりした。

二十九日未明、私は床をはなれ、午前四時自分で運転して慶応病院へ行った。なんとなく父のそばへ行ってみたかった。父の控室に、父の秘書石原二三郎さんが寝ておられた。石原さんは、徹夜の看護の疲れでぐっすりお休みだったが、そっとおこしてみた。ふたりで、タバコをすったりして小一時間「容態」の話をした。看護婦が「石原さん」と呼んだ。そのころ、つきそいの人たちが、交替で父の背中や足をさすってくださっていた。父は床ずれで、からだのほうぼうをいたがっていた。おそらく「容態」を見ながら、からだをさすってくださる番がきたのだ、と思った。

石原さんが、病室へ入った。私は、なんだか胸さわぎがした。よほど、いっしょに入ろうかと思ったが、こんなに朝早く訪れては、父が自分の容態が悪化したのか、と気をつかうかもしれない、と遠慮した。私は廊下から、ドアを細目にあけて、そっとベッドを見た。石原さんが足をさすっていてくださった。父はマスクをかけ、あえぐようにはげしい息づかいをしていた。おそらく昏睡状態だったろう。

「石原さん、また八時半ごろくるね」

私は、小声で石原さんにあいさつして、いったん帰宅した。「危篤」の電話をうけてかけつけたときは、もうおそかった。あのとき部屋へ入って、ずっと父のそばについていてあげればよかったのに・・・と、いまでも思う。(中略)

こころ残りなのは、二十九日の暁の、死期せまった父が、その苦しい息のなかから「岐阜へ行きたい。石原、なん時の汽車があるか」と、二度も、かさねて言ったのを、私が直接聞けなかったことである。私が、いったんひきあげた直後に、父は、この言葉をつぶやいた。石原秘書は「はい、けさはまだ早いから、いくらでも汽車はございます」と、やさしく返事をして、いまわのきわの父の郷愁をなぐさめてくださったという。(『大野伴睦』)

幼い日を過ごした故郷の山河、通算三〇年四ヵ月の長きにわたり国会の議席を与えてくれた有権者の姿……。意識が混濁していく中、伴睦の胸に望郷の念が去来したに違いない。

享年七三、死因は心筋梗塞だった。伴睦の遺体は午前一一時三〇分に自宅に戻り、夕方から近親者のみの仮通夜が営まれた。三一日、桐ケ谷火葬場で荼毘に付された後、厳かに密葬、続いて六月一日に本通夜、翌日の本葬は自民党葬として築地本願寺で行われた。一四日には岐阜市民センターで県民葬、さらに実家近くの谷合公民館にも遺骨が安置され、近隣住民の焼香の列が続いた。

第2章　議政壇上に叫ぶ

唯一の自民党公認

戦後日本政治史に異彩を放った大野伴睦の死去を受け、地元後援会「睦友会《ぼくゆう》」は、緊急総会を開き、満場一致で四男・明を伴睦の後継とすることを決めた。中選挙区制下の当時の公職選挙法では、定数に関わらず欠員二となった場合のみ補欠選挙が実施されることになっていた。前回選挙から、まだ一年も経っていない。したがって、当面、衆議院解散はなく、選挙までには十分な時間があった。

伴睦の死去から四ヵ月後の一九六四（昭和三九）年一〇月一〇日、東京オリンピックの開会式が国立競技場で行われた。日本初、アジア初のオリンピックである。第二次世界大戦で原爆を落とされ廃墟と化した日本が、戦後復興を世界にアピールする絶好のチャンスとなり、多くの国民が自信と誇りを取り戻す機会にもなった。競技は一五日間にわたって行われ、二〇競技一六三種目に世界九三ヵ国・地域からアスリート五一五二人が参加した。日本は金一六個、銀五個、銅八個のメダルを獲得し、アメリカ、ソ連に続いて三番目に食い込んだ。

この頃、首相・池田勇人は末期の喉頭《こうとう》がんに侵されていた。病状は予想以上に進行していたが、仮に病名が表に出れば、「平和の祭典」が暗いものになると判断し、そのことを隠しながら東京オリンピックの閉会式を待った。そして、オリンピックのフィナーレと同時に退陣の意向を明らかにし、自らの後任に佐藤栄作《さとうえいさく》を指名、一一月九日、当時としては戦後最長を誇った佐藤内閣が誕生した。

そんな中、突然のハプニングが起こった。内閣発足から二週間後の二四日、伴睦と同じ選挙区の自民党現職・三田村武夫《みたむらたけお》が胃がんのため逝去、岐阜一区は欠員二となり、補欠選挙が施行されることになったのである。公示日は一二月七日、投開票日は二七日に決まった。自民党に動揺が走った。

明だけではない。当時、全国で会員数一八万人を擁していた睦友会も大慌て。社会党、民社党、共産党が相次いで候補者擁立を決める中、至急、選挙戦に向けた櫓《やぐら》を建てることになった。後援会からは「オヤジの名を襲名してはどうか」という意見も出たが、明は「なるほど、選挙となれば、明よりもずっと名の通っている伴睦の方がはるかに有利だと思う。しかし、政治というものは世襲ではない。オヤジから教えこまれた義理、人情という美徳を守るとともに、ボクはボクなりの持ち味で、オヤジとちがった分野を開拓していきたい」と、これを拒否した。(「次代を担う政界のホープ」)

出馬を決断した明が、まず訪れたのが岐阜県庁の知事室だった。自民党県連会長で現職知事の松野《まつの》幸泰《ゆきやす》に協力を要請するためである。松野は県議会議員を経て伴睦の後押しにより知事、さらに伴睦の衣鉢を継いで県連会長に収まっていただけに、何を差し置いても明を全面支援するだろうと思われた。だが、その期待は無残にも打ち砕かれた。

「選挙をおやりになりたけりゃ、どうぞ、やってくださいよ。だけど、私には私の都合もありますから、そのへんの事情をよく察していただかんと知事の私として困りますからね」

「それなら、せめて私の選挙ポスターに、推薦者として知事さんのお名前だけはお貸しくださいませんか」(『伴睦さんは生きちょんさる』)

松野は応じなかった。明は、すごすごと知事室を退散するより他なかった。これには睦友会、さらには伴睦系の県議会議員たちも猛反発した。

補欠選挙には明以外に自民党公認を目指す保守系二人が名乗りを上げた。新人の武藤嘉文《むとうかぶん》と元職の木村公平《きむらこうへい》である。武藤の祖父・嘉門は元衆議院議員で元岐阜県知事、父・嘉一《かいち》も同じく元衆議院議員で各務原《かかみがはら》市長というサラブレッドである。前回選挙で落選した木村もカムバックを目指して地盤固めに精を出していた。いずれも有力候補であった。

自民党岐阜県連は、この三人を俎上にあげた。欠員二で二人擁立はリスクがある。本来であれば、県連会長の松野が迷わず武藤と木村を断念させ、明一人を公認すべく、事態収拾を図るべきところだが、何と松野は、自民党唯一の公認を明としながらも、武藤を県連推薦として無所属で出馬させ「アベック当選」を目指すという結論を下したのである。(『私の言い分』)

挙句の果てに過去四回の落選が響いて勝ち目なしと判断された木村までもが、松野からの説得を蹴って強行出馬に踏み切り、選挙戦は保守分裂の構図へ。岐阜県連の混乱が続く中、結局、自民党本部が正式に明の公認を決めたのは公示日の二日前だった。

いざ出陣

いよいよ公示日を迎えた。定数二に対し、六人が立候補した。明は有権者を前に「父がやり残した仕事を受け継いで、選挙区の皆さんに力いっぱいお礼奉公をしたい」と訴えた（「次代を担う政界のホープ」）。ここに当時の選挙公報がある。その全文を紹介したい。

伴睦後継として初出馬

自由民主党公認
大野　明
36才

御挨拶

さきに父大野伴睦逝き、いままた三田

村武夫先生の御逝去にあいました。亡父の生前中は、40年にわたって熱烈なる御支持を仰ぎ、また死去にさいしましては、望外の岐阜県民葬まで挙行していただき、ここに厚く厚く御礼申し上げます。また故三田村先生の御霊にたいしては、深く哀悼の意を捧げるものであります。

さて、私は今般の補欠選挙に、諸先輩、諸友の熱誠あふるる御推薦を得て、亡父の遺志を継ぐべく立候補いたしました。「父から私へ」またまた岐阜県民の皆様の絶大な御支援を御願い申し上げねばなりません。

しかし、皆様の御協力を得て当選の栄誉を担うことができましたならば、若い世代の一員として真剣に政治に取り組み、経験不足は「若さ」と「馬力」でおぎない、岐阜県民の皆様の声を強く政治に反映し、もって国政の向上刷新に努力する決意であります。

幸い私は父伴睦のかたわらにあって、いささか政治のコツを修得いたしております。よろしく皆様の御支援を御願い申し上げます。

私の公約

1．農山村に笑顔を

「農業は国の基」といわれながら、他産業との格差はあまりにひど過ぎます。「三ちゃん農業」とか「農家には嫁がこない」とか、このような状況でどうして国力の増進が望めましょう。農業の近代化、需要性の強い農作物の増産、また価格安定のための流通機構の改善など、農村の体質改善の必要性をひしひしと感じています。政府自民党もヒズミ是正の一環として諸対策を考え実施中ですが、私は思い切った資金の投入による早期解決こそ急務と考えています。

1．中小企業に明るさを

このところ中小企業の倒産は戦後の最高を記録、政府の抜本的施策を迫る声が一層切実になってきました。政府自民党も当面年末の危機乗り切り策を考えているようです。しかしもう応急措置の時代は過ぎました。我が国の輸出貿易の振興には中小企業の皆様も大きく貢献しているのです。技術の革新による設備の近代化、経営の合理化を指導すべき時と考えます。このため低金利資金の確立、資金需要の増加による財政投融資、減税など思い切った対策を実施しなければなりません。

1. サラリーマンに豊かさを

最近の相次ぐ物価高で、多くの家庭が赤字家計に御悩みのことでしょう。所得倍増計画のヒズミの被害はサラリーマンの家庭にもっとも及んでいます。石川啄木の「働らけど働らけど楽にならぬ暮し」これでは働く意欲が失われます。調和のとれた生活の実現、このためには減税、最低賃金制の確立など適切な対策が要求されています。労働者の皆様の勤労意欲は国力をささえる大きな力なのです。

1. 青少年に夢を

教育の目的は人づくりにあります。健全な青少年の育成はその人づくりの基本と信じます。教育環境の整備とともに、とくに勤労青少年の福祉増進を積極的に進めたい。

1. 地方開発に熱意を

幸い岐阜県の開発は諸先生の御努力によって他の地方に比べ相当進んでいます。しかしまだまだこれでは不足です。

例えば

県下産業道路の開発、樽見線の延長、河川改修工事の促進、農業土木事業の推進を精力的に実現する。

1．恵まれない人に温い手を

わが国の社会保障は年々目ざましく進歩していますが、まだ世の中の底辺で生活を営む人々がおられます。経済成長のかげで、世に取り残された人々を救うことこそ国家の責任であります。佐藤首相も社会開発には特に重点を置いた施策を検討しておられますが、私は岐阜県民の皆様が、さらには日本国民がそれぞれ楽しい生活を送れるよう老人、病人、戦争犠牲者、母子家庭、低所得者対策として国民年金、厚生年金、国民健康保険、特殊職業訓練などの改善を計ります。

私の政治信条

私は、政治といっても、決して難しいものではないと考えています。岐阜県の皆様、つまり農家の人々が、商工業の人々が、またサラリーマンの人々が「大野、こうすればもっと生活が向上しないか」といわれたことを政治に反映させれば、立派な国政が運営されると信じています。幸い新幹線も開通し、東京と岐阜との間はぐんと接近しました。皆様の御支援で議席を得ることが出来ましたなら、朝岐阜の皆様からいただいた御意見は、その日の午後、国会や諸官庁などを駈け廻って実現のため努力することができます。

皆様と話し合うこと、そして若さと馬力にものをいわせて政治活動をすること。これが私の政治信条です。岐阜県の皆様の絶大な御支援を伏して御願い申し上げます。

略　歴

慶応義塾大学法学部政治学科卒業後、父大野伴睦衆議院議員の秘書となり現在自由民主党東京都支部連合会青年部副部長

岐阜陸上競技会副会長

株式会社グランドホテル岐阜代表取締役副社長、ラジオ岐阜取締役

伴睦派から「忘恩の徒」呼ばわりされた松野幸泰は武藤嘉文への肩入れを鮮明にした。そのため選挙戦は当初、武藤が明を大きく引き離しトップを走った。このまま武藤が票を取り過ぎれば、アベック当選どころか、二つ目の議席を社会党に奪われかねない。「明危うし」のムー

ドが漂い始めていた。

大量得票で初陣飾る

明は選挙区内全域を隈なく回り、街頭演説やミニ集会で支持を訴えた。睦友会も「伴睦二世」のため、それこそ血の汗を流しながらの選挙運動を続けた。まさに死に物狂いだった。

明の熱意が伝わったのか、終盤に入って少しずつ風向きが変わり始めた。「大野伴睦」の名前以外、投票用紙に書いたことがないという老人の中には、明の声音、風貌が若かりし頃の伴睦に似ているため、感激のあまり涙を流しながら明の選挙演説を聴く人まで現れたという。

明の選挙運動用ポスター

明劣勢の一報に自民党本部は、伴睦の後継副総裁・川《かわ》島《しま》正《しょう》次《じ》郎《ろう》や伴睦の盟友で知られる元幹事長の益谷秀次《ますたにしゅうじ》といった長老を送り込み、大野派からも船田中《ふなだなか》、水田三喜男、村上勇が応援に馳せ参じた。さらに伴睦が生前、後見人として応援してきた双子デュオ・こまどり姉妹《しまい》やプロレスラーのジャイアント馬場《ばば》も「ご恩返しはこのとき」とばかりに岐阜入りし、師走の風吹く街頭に何時間も立った。(『伴睦さんは生きちょんさる』)

一二月二七日の投開票日、美濃地方は朝から雨模様だった。しかも年末とあって、投票率は戦後最低の五三・九八%を記録した。開票作業は午後七時から始まった。明はスタートから好調で、ぐんぐんと票を伸ばしていった。選挙事務所では大勢のスタッフが、その時を待った。

そして午後一〇時前には六万票を超え、ラジオ岐阜から「当選確実」の一報が流れた。事務所内は足の踏み場もないほど超満員に膨れ上がり、明の登場を待った。

一時間後、割れんばかりの拍手と歓声の中、明が現れた。傍らには、つや子の姿もあった。開票結果は以下の通り。

当	大野	明	自由民主党	新	一一〇,〇二九票
当	高橋	重信	日本社会党	新	七六,〇三三票

武藤　嘉文　無所属　新　七四，二〇四票
木村　公平　無所属　元　五二，一二九票
真野　昭一　民主社会党　新　一〇，四五八票
島田　貞男　日本共産党　新　六，六九六票

正面のステージに立った明は、支持者と万歳を繰り返した。午前四時過ぎ、ようやく宿舎として使っていたグランドホテル岐阜に戻った明は仮眠を取った。ぐったり疲れた身体を休める暇もなく午前八時には起床し、さっと風呂に入って簡単に朝食を済ませ、当選報告のため一家そろって伴睦の眠る山県郡美山町谷合に向かった。墓前で静かに手を合わせる明の目にはうっすらと涙がにじんでいた。以来、一九八三（昭和五八）年一二月の選挙で落選するまで連続七回当選を重ねた。

「伴睦先生そっくり」

一九六五（昭和四〇）年一月二五日、初登院の日を迎えた。明は喜びと責任の重さを噛み締めながら、国会議事堂の中へ入った。バッジを着け、勇んで赤絨毯を踏む。明は「ああ、ここには故父伴睦の魂が宿っている。政治家大野伴睦の永遠の生命が、いまなお脈打っている」と、胸の中で何度も何度も呟いた。（『伴睦さんは生きちょんさる』）

議長応接室に入ると、そこに衆議院議長だった伴睦の肖像画が掲げられてあった。それを見た明は「故父の声なき声がささやきかけ、姿なき姿に導かれるおもい」がしたという。（同右書）

「おお、大野君だね。一目でわかったよ。伴睦先生そっくりの顔かたちだからね」

「よく出てきたね。これから大いにがんばりたまえ」（同右書）

本会議場に向かう途中で、与野党問わず、多くの先輩議員が明の肩を叩きながら励ましてくれた。指定された本会議場の座席に腰を下ろして間もなく、午後一時から衆議院本会議が始まった。議長の船田中が「これより会議を開きます」と開会を宣言し、続けて「この際、新たに議席に着かれました議員を紹介いたします」と述べ、最初に高橋重信《たかはししげのぶ》を紹介し、続けて「第二七二番、岐阜県第一区選出議員、大野明君」と明の名前を呼んだ。明は、その場で起立し、深々と頭を下げた。議場からは大きな拍手が沸き起こった。

明は伴睦の私設秘書を務めていただけに、大概のことは分かっているつもりでいたが、いざ自らが当事者になってみると、国会の議事や規則、自民党の習慣やルールと、覚えなければならないことが山ほどあり、戸惑うことも多かった。陳情や相談も一日に何件も飛び込んでくる。休日は地元に帰って各種行事に出席し、有権者とのコミュニケーションを図らなければならない。その多忙さは想像以上で休む暇はなかった。

三月四日、明は衆議院逓信委員会において初質問に立った。内閣提出の郵便貯金法改正案と郵便振替貯金法改正案が議題で、明は前置きなしに、いきなり本題に入った。

私は、郵便貯金法の一部を改正する法律案並びに郵便振替貯金法の一部を改正する法律案につきまして、まず郵便貯金法の法律案から若干の質問をさせていただきます。まず質問の第一点は、郵便貯金の総額制限額を引き上げる理由につきましてお尋ねしたいのです。また制限額を百万円に引き上げる根拠につきまして貯金局長にお尋ねしたいと思います。

さすがは「伴睦二世」である。回りくどい蘊蓄《うんちく》は一切なく、ポイントを整理した論旨明快な質問にベテランたちも舌を巻いたという。

大野派の分裂

伴睦率いる大野派の正式名称は「白政会」という。その名前の起こりは一九五六（昭和三一）年一二月の自民党総裁選挙において伴睦が見せた態度にある。名乗りを上げたのは石井《いしい》光次郎《みつじろう》、石橋湛山、岸信介の三人で、伴睦は早くから石橋支持を決め、密かに多数派工作を進めていた。

選挙戦は当初、岸優勢が伝えられていた。キャスティング・ボートを握るのは伴睦である。石橋陣営に加勢していることを知らない岸が伴睦に支援を要請するも、伴睦は民謡「ノーエ節」の一節を取って「ワシの心境は富士の白雪のように白紙だよ」と茶化した（『派閥』）。この時、伴睦は石井支持の池田勇人と組んで石橋と石井の「二、三位連合」の密約を結ぶという策略を練った。結果、一回目の投票では岸が第一位となるも、いずれも過半数に達しなかったため、岸と石橋の上位二人の決選投票となり、結果、石橋が勝利を収めた。伴睦が演出した逆転劇は見事に成功した。

白政会は、この「富士の白雪」にちなんだものだった。その後、一九六〇（昭和三五）年七月の総裁選挙における伴睦の出馬に備えて、白政会は「睦政会」に名称変更した。大野派は伴睦を慕うメンバーによって構成され、自民党の派閥の中でも「最も団結の固いグループ」と評された（同右書）。実際、メンバーの一人である辻《つじ》寛《かん》一《いち》は、こう述懐している。

おそまきに派閥に属し、派閥の味を知った小生は、一口にいって、何とあたたかい、いいもんだろう、と思った。議員歴は古くても派閥歴の新らしい小生は、慈父の如き家長の観ある先生に接して、今更のように大野派の団結は強いと、いわれてきた事が合点されて、大野派に入った身の冥利を感謝した。

だから、小生は派閥の悪口をいったことがない。第一悪いところを知らないいんだから……。(『大野伴睦』)

ところが、伴睦の死去により箍《たが》が外れた大野派は、主導権争いが勃発し、分裂の危機に晒《さら》される。当初、大野派は船田中と村上勇という二人の重鎮による合議制で運営された。ところが、次第に「両雄並び立たず」の雰囲気になっていく。

一九三〇(昭和五)年二月、政友会から衆議院議員となった船田は伴睦と同期で、戦前派の長老として知名度も存在感も抜群だった。しかも当時は現職の衆議院議長でもあり、大野派の後継者としては村上よりも適任という自負があった。ただ、船田は従来の「親分・子分」関係を軸とした大野派を、この際、「政策研究、懇親を中心とする議員集団」に切り換えようと考えていた(『自民党』)。これに対し、伴睦の側近中の側近だった村上は全く逆で、義理と人情を重んずる大野派の伝統を堅持すべきという立場を取った。タイプの異なる船田と村上を中心に二つのグループが形成されたのは、自然の成り行きだった。

伴睦の一周忌が終わって間もなく、分裂の決定打となる出来事が起こった。一九六五（昭和四〇）年七月、参議院議員選挙を見計らって船田が「今後、睦政会（大野派）の代表には船田が就任する」旨を記した書簡を、あちらこちらに配っていたことが発覚したのである（同右書）。村上は激怒した。

これを受け、八月一一日未明、船田、村上それぞれに近い面々が、赤坂にあるホテルニュージャパン五〇五号室に構えていた伴睦の事務所に集まり、分裂を回避すべく会合を持った。だが、双方とも歩み寄る気配はない。言い争いは徐々にヒートアップし、ついに村上系の田村元《たむらはじめ》や原田憲《はらだけん》が席を立った。その場に同席していた明も我慢ならず、「オヤジの前で、みにくい争いはしてもらいたくない」と言って、壁に掲げてあった伴睦の遺影を引き摺り下ろし、泣きながら風呂敷に包んで部屋を後にした（「次代を担う政界のホープ」）。最終的に大野派は一三日、村上派と船田派に割れた。

村上派
村上勇、神田博、福田篤泰、徳安実蔵、押谷富三、原田憲、田村元、大泉寛三、稲村左近四郎、三原朝雄、大野明（以上衆院）、村上春蔵、古池信三、鹿島俊雄（以上参院）
船田派
船田中、水田三喜男、内海安吉、原健三郎、川野芳満、堀川恭平、青木正、福田一、中村幸八、寿原正一、中川一郎、渡辺栄一、和爾俊二郎（以上衆院）、中山福蔵、船田譲、八木一郎、近藤鶴代、大谷藤之助（以上参院）

明は村上派へ入った。村上は明の媒酌人でもあった。何より伴睦のことを誰よりも敬い、伴睦のためなら身命を賭す覚悟で献身的に尽くしてきた村上の姿を見てきたからである。「伴睦二世」として、その恩に報いるのは当然であった。

「村上派に集まった顔ぶれを見れば、いずれも大野派の譜代旗本であり、ここにこそ大野派の正統が受け継がれているから、引き続き睦政会を名乗ろう」との意見もあったが、結局、「大野派の同志が半分は船田派に別れたので、睦政会を名乗るのはひとまず遠慮しよう」ということで「一陽来復」を期して「一陽会」と命名することとなった（『激動三十五年の回想』）。悪運が長く続いた後は幸運が開けるという意味である。一方の船田派は「一新会」とした。

労働政務次官に就任

明は一九六七（昭和四二）年一月の衆議院議員選挙で再選、続いて一九六九（昭和四四）年一二月の師走選挙でも三回目の当選を勝ち取った。一方、妻・つや子の日常も様変わりした。二人の息子を育てながら、岐阜と東京、半々の生活が始まったのである。明が東京にいる時は、つや子が地元を守り、明が岐阜に帰ると、つや子が東京に戻る。「名古屋駅の新幹線ホームですれ違って、『アラッ』なんてこともありました」と後に語っている。（「FOCUS WIDE」）

年が明けた一九七〇（昭和四五）年一月、第三次佐藤栄作内閣発足に伴い、明は労働政務次官に任命された。政務次官は将来、指導的立場に進むための第一歩として、当選回数の少ない若手が実務に慣れるために起用されるケースが多かった。明が就任した時は、大臣をトップとする各省庁に一人ずつ、大蔵省、農林省、通産省の三省には二人の政務次官が置かれ、特別職の国家公務員という身分に分類された。
その後、政務次官は二〇〇一（平成一三）年一月の中央省庁再編に合わせて廃止、副大臣と大臣政務官を新設し、今に至っている。当時の国家行政組織法には次のように規定されていた。

第十七条

1　各省及び法律で国務大臣をもつてその長に充てることと定められている各庁には、政務次官一人を置く。

2　前項の規定にかかわらず、別表第二に掲げる省に限り、政務次官二人を置くことができる。

3　政務次官は、その機関の長たる大臣を助け、政策及び企画に参画し、政務を処理し、並びにあらかじめその機関の長たる大臣の命を受けて大臣不在の場合その職務を代行する。

4　政務次官が二人置かれた省においては、各政務次官の行う前項の職務の範囲及び職務代行の順序については、その省の長たる大臣の定めるところによる。

5　政務次官の任免は、その機関の長たる大臣の申出により、内閣においてこれを行う。
6　政務次官は、内閣総辞職の場合においては、内閣総理大臣その他の国務大臣がすべてその地位を失つたときに、これと同時にその地位を失う。

ただ、明にとって労働は全くの門外漢だった。後にテレビドラマ、映画にもなった時代小説『木枯し紋次郎』で、主人公・紋次郎が発する決め台詞「あっしにはかかわりのないことでござんす」という感覚だったという（『明日をひらく労働政策』）。労働政務次官就任の噂を耳にした明は、伴睦の愛弟子である田村元に相談することにした。不安そうな表情を浮かべる明を田村は、こう励ました。

「俺も最初は労働政務次官を拝命した。その時は今の君と同じ不安感、不満感があったので、君の親父（伴睦）に訴えたら、『政治家は色々なことを勉強しなければならない、特にこれからの政治家は経済と労働問題を勉強しなければならん』といわれたので素直に従って勉強させてもらった経験があるから、君も大いに頑張れ」（『自由民主党党史　証言・

在職中、明は、家内労働者（内職者）の労働条件の向上や生活の安定を図るための家内労働法案、業務中や通勤途中に起きた事故に起因する傷病を補償する労災保険について定めた労災保険法改正案、勤労青少年の健全育成と福祉増進を目指す勤労青少年福祉法案といった重要法案を通すべく、野党側との折衝の先頭に立った。与野党間の駆け引きには、腹芸や寝業も求められるが、それだけでは成功しない。法案内容の十分な理解と成立への並々ならぬ熱意を伝えることが肝要である。

父・伴睦は「足して二で割る大野流」と評されたように、妥協と調整の名人で知られた。伴睦の血を引く明も、本音と建て前を見極めながら落としどころを探ることには長けてはいたが、当事者の声を拾い集めながら猛勉強し、「難物の野党」を説得するための努力も怠らなかった（「大野明論」）。さらに、労使トップに学識経験者を交えた労働大臣の私的諮問機関である産労懇（産業労働懇話会）の運営にも携わり、労使間の意志疎通、対話促進にも努めた。

中でも熱を入れて取り組んだのが、勤労者財産形成促進法の制定であった。これは勤労者が賃金天引きにより計画的に貯蓄を行う場合に利子の非課税措置を講ずると同時に、その貯蓄を使ってマイホームを購入できるよう支援する財形制度（勤労者財産形成促進制度）を設けることを趣旨とした法律である。

社会保障の拡充は当然だが、それはあくまで受動的施策である。勤労者は、できることなら自分の力で生活を向上させ、将来設計を立てたいと考えている。そして、こうした強い意志こそが世の中全体の活力となる。明は、労働問題に関わる中で、勤労者の自助自立が実現可能な社会環境を作ることの重要性を痛感し、勤労者財産形成促進法の策定の中核を担ったのであった。

労働問題をテーマとした著書を出版

労働政務次官退任後の一九七四（昭和四九）年六月に出版した著書『明日をひらく労働政策　豊かな勤労者生活を目指して』（労働法令協会）に明の労働問題に対する基本的な考え方が綴られている。その一部を抜粋する。

さきの大戦によって、わが国土は焦土と化し、工業生産設備の約三分の一が操業不能の状態に破壊されるなど、総じて国富の四分の一を失った。しかし戦後十年の苦節を経て、昭和三十年にはほぼ戦前水準の経済活動にまで回復し、もはや戦後ではないといえるまでになった。

その後新たな発展の時代に入ったわが国経済は、とくに三十年代の後半に入って、所得倍増計画による積極的経済政策の推進を契機に、かつてない高度経済成長をはたした。

（中略）

このような高度経済成長を主導したのは、技術革新のもとにおける投資が投資を呼んだ設備投資の急速な拡大であったといわれている。たしかに欧米諸国の先行技術の導入など重化学工業を中心とした設備投資は著しいものがあった。そしてこれら重化学工業が他産業さらにはわが国全体の牽引力となったといえる。

しかしながら、真に高度成長をささえてきたのは、わが国勤労者の一人ひとりの活力あふれる力でなかったかと思われる。（中略）

勤労者一人ひとりが、自己の勤労を非常に大事にし、仕事のなかに働きがい、いきがいを見いだしていることである。この意識が、わが国に活力をもたらし、高度成長の礎となっているのでなかろうか。(『明日をひらく労働政策』)

労働政務次官の在職期間は一年半ほどだった。だが、これを機に「それまでさほど関心もなかった」という労働問題は、明にとってライフワークとなっていった。(『自由民主党党史　党史編』)

旧大野派の合同に向けて

この頃、伴睦の七回忌を迎えるに当たって、村上派と船田派に分裂した旧大野派の合同に向けた話し合いが密かに進められていた。かつて同じ釜の飯を食った仲間同士がいつまでも反目し合っていては、天国の伴睦を悲しませるだけである。明も「大野派は、いわば義理人情でつながっていた。これは他の派閥にない特徴だ。義理人情を古いという人がいるが、そんなことは決してない。大野派の先生方ほど義理人情に厚い人々はいないが、こういう伝統を生かしていく意味でも一つの派閥になることが望ましい。過去のいきがかりを捨てて、一つになった方が、党に対しても大きく貢献することができる」と考えていた。(「大野明論」)

だが、誰をトップに据えるかで協議は難航した。そこで村上勇が白羽の矢を立てたのが、当選同期の水田三喜男だった。水田は生粋の党人派で、池田勇人内閣に続いて、佐藤栄作内閣においても大蔵大臣の重責を担う自民党指折りの財政経済通で知られた。

大野派が分裂した際、水田は船田派に移った。ところが、「派閥の論理」を超えて、繰り返し重要ポストを射止めていたことが派内の嫉妬を買い、水田は居場所を失いつつあった(『大蔵大臣・水田三喜男』)。水田にとっては、まさに「渡りに船」だった。村上から「これからは小さくまとまっている時ではない。今までの両派の経緯はすべて水に流し、また昔のように力を合わせて、日本の政治のために働こうではないか。君は立派に一国の宰相たりうる素質と経歴を持っている。派閥のことは僕に任せてくれ」と口説かれた水田は、これを引き受けた。(『激動三十五年の回想』)

別に魂胆があったわけではない。村上には、岸信介、池田勇人、佐藤栄作と「官僚派内閣」

が続く中、次こそは「党人派内閣」を作りたいという思いが強かったからである。水田は船田派から青木《あおき》正久《まさひさ》、中川《なかがわ》一郎《いちろう》、中山《なかやま》正暉《まさあき》の三人を引っこ抜き、さらに藤山派からも江崎《えさき》真澄《ますみ》と永田《ながた》亮一《りょういち》が加わり、一九七一（昭和四六）年一二月、水田派が旗揚げされた。名称は「巽会」とし、会長に水田、最高顧問に村上が就き、明を含め衆議院議員一七人、参議院議員三人の合計二〇人が、これに参加した。

水田は派閥の長として、党人派内閣発足を目指していくこととなった。しかし、水田は「政略、権力争いには必ずしも秀でていなかった。また、派閥の領袖として自分で集めた金を所属議員に配ることにあまり熱心ではなかった」という（『大蔵大臣・水田三喜男』）。そのため、派閥の結束力は、かつての大野派、村上派と比べ、決して強固なものとは言えなかった。

台湾との関わり

七年八ヵ月もの長期政権となった佐藤栄作内閣は、この間、数々の懸案を処理していった。中でも歴史的大偉業と言えるのが「沖縄の祖国復帰」であった。

沖縄は、第二次世界大戦で国内唯一の一般住民を巻き込む地上戦が繰り広げられた場所だった。戦後はアメリカの占領支配を受け、講和条約が発効されてからも、アメリカの施政権の下に置かれていた。首相となった佐藤は、沖縄返還を最大の使命に掲げ、アメリカとの難交渉を経て、一九六八（昭和四三）年六月の小笠原諸島返還に次いで、一九七二（昭和四七）年五月一五日に、これを実現させた。

しかし、政権末期になると、さすがの佐藤にも陰りが見え始めた。特に佐藤を悩ませたのが中国問題だった。日本は戦後、台湾の「中華民国」政府が全中国を統治し代表していることを認め、日華平和条約に基づいて外交関係を維持してきた。ところが、徐々に中国大陸を支配する「中華人民共和国」を国連加盟させるべきとの意見が世界中に広がっていった。そして一九七一（昭和四六）年七月一五日、アメリカのニクソンが日本への事前通告なしに突然、ラジオ、テレビ放送を通じて適当な時期に中国を訪問する旨を発表した。冷戦下において中国と対立関係にあったアメリカの政策変更であった。

その年の秋に行われた国連総会では、中国の加盟、台湾の追放を謳うアルバニア決議案が可決、台湾は国連からの脱退を表明し、中国の国連への加盟が正式に決まる。次いで翌年二月、ニクソンは予告通り中国を訪問し米中関係は一気に緊密化していった。これにより日本でも「バスに乗り遅れるな」とばかりに日中国交正常化への流れが加速していった（『日華断交と日中国交正常化』）。しかし、もともと台湾寄りだった佐藤に対し中国は冷淡で、結局、その処理は佐藤の後任となる田中角栄《たなかかくえい》が引き継ぐこととなった。

七月、田中内閣が誕生した。「日本列島改造論」を引っ提げて登場した田中は五四歳、初の大正生まれの首相だった。雪深い越後の寒村地域に生まれた田中は、地元の尋常高等小学校卒業後、徒手空拳で上京して建設会社を興し、国政入り後は一気に権力の階段を駆け上がって天下取りに臨み、佐藤が自らの後継と考えていた福田赳夫《ふくだたけお》を打ち破ってトップの座を勝ち取った。それゆえ、田中は庶民からの絶大なる人気を集め「今太閤」と持て囃《はや》されたのだった。

田中は首相就任前から日中国交正常化に向けた下準備に取り組んでいた。盟友・大平正芳《おおひらまさよし》を外務大臣に据え、社会党や公明党まで巻き込んで計画を進めていた田中は、内閣発足から二ヵ月余りの速さで中国に飛び、「日中共同声明」を交わし日中国交正常化を実現させる。台湾に対しては、大平によって日華平和条約の無効宣言が発せられ、二〇年間にわたる外交関係に終止符が打たれた。

いずれも戦後日本外交史を画する大きな出来事だった。特に日中国交正常化は、これまで外交よりも内政に深く関わってきた明にとっても、傍観者として眺めているわけにはいかない重要テーマであった。日中国交正常化は台湾との断交と表裏関係にある。国際社会の趨勢を鑑みれば、明も決して日中国交正常化そのものには反対ではなかった。

しかし、外交方針が変わったことを理由に、にべもなく簡単に台湾を切り捨てるという行為は、国際信義上、極めて由々しきことである。長年、台湾擁護派の筆頭として日台関係の強化に尽力してきた父・伴睦と同じく、明も総統の蔣介石《しょうかいせき》をはじめ台湾に多くの知己があった。明は、日中国交正常化に対しては、まず、その前提として外交関係を含む台湾との「従来の関係」の維持を主張した。(『梅と桜』)

結果的に、それは叶わず日台間の外交関係は途絶してしまうが、経済や貿易、文化交流といった実務関係は、これまで通り維持していくこととなった。その後も明は度々台湾を訪れ、蔣介石死後も、蔣経国《しょうけいこく》、厳家淦《げんかかん》、李登輝《りとうき》といった歴代総統との親交を重ねた。一九八八(昭和六三)年一月の蔣経国死去に際しては、弔問のため日帰りで台湾に飛んだという。

ルール破りの荒業

労働政務次官退任後、明は自民党全国組織委員会で労働局長や副委員長、さらに総務会の総務にも選ばれ、着々とキャリアを重ねていった。そして一九七三（昭和四八）年一一月には政務調査会の労働部会長に就任した。

政務調査会は「政策の調査研究及び立案」を担う部署で、自民党党則第四二条に「党が政策として採用する議案は、政務調査会の議を経なければならない」と規定されている。政策案だけでない。法案や予算案の審議・調整も行われる。確かに自民党としての党議は事実上の最高意思決定機関たる総務会に諮られるが、そこまでのプロセスにおいて、具体的な詰めを行うのが政務調査会である。

この政務調査会の中に、霞が関の中央省庁に準ずる形で設置されているのが部会である。自民党結党当初は「部」という名称だったが、一九六四（昭和三九）年一月から「部会」に変わり今日に至っている。

労働部会長に就いて間もなく、明が労働政務次官在職中に心血を注いで成立させた勤労者財産形成促進法の一部が改正されることとなった。最大の山場は、財形制度へ一般会計から一億円を出資させるという要求を大蔵省が認めるかどうかであった。

相対するのは大蔵大臣・福田赳夫、そして同じ水田派の仲間で伴睦の公設秘書を務めたこともある大蔵政務次官・中川一郎である。明は財形制度を拡充すべく、その必要性を切々と説いた。だが、二人は、なかなか首を縦に振らない。挙句の果てに水田派率いる政調会長の水田三喜男までもが難色を示した。

正念場となる年末の予算折衝を迎え、明は労働部会メンバーを引き連れ大蔵省に向かった。福田の指示で矢面に立ったのは中川である。激しい攻防が深夜まで続くも平行線をたどるのみ。業を煮やした明は、咄嗟《とっさ》の判断で、福田を威嚇すべく何と大臣室隣の応接間で部会を開くことにした。本来、部会は自民党本部内で開催するのが筋である。明は、責任は全て自らが負う覚悟でルール破りの荒業に出たのだった。そこへ、怒りに震える真っ赤な顔の中川が入ってきた。室内は殺気立った空気が漲《みなぎ》っていた。

斎藤邦吉《さいとうくにきち》や渋谷直蔵《しぶやなおぞう》といったベテランたちが、中川との間で激論を交わす。時間だけが過ぎていった。その時、「駄目なものは絶対駄目だ」との一点張りの中川に、元労働大臣の大橋武《おおはしたけ》

中川一郎と明（左）

夫《お》が「君、君のような若僧と話をしていてもいたずらに時がたつだけだ、大臣に会わせろ。大野君、部会長として中川君と交渉しろ」と指示を出した（『自由民主党党史　証言・写真編』）。頑固一徹の中川も、さすがに抵抗の余地なしと判断し、福田との交渉の場をセットした。

福田は明をはじめ、労働部会メンバーによる説得に、要求を認めざるを得なかった。明の粘り勝ちだった。財形制度の改善に向けた明の取り組みは自民党内でも高く評価された。やがて若手議員を中心に、海外における財形制度を例に、日本の状況に即した形での財形制度はどうあるべきかについて検討する私的研究会が明を中心に発足するほど、関心が広まっていった。

自民党の内紛

一気呵成に日中国交正常化を実現させた田中角栄だったが、その後は「激動の七〇年代」の大波を被《かぶ》り、厳しい政権運営を強いられた（『自由民主党のあゆみ』）。第四次中東戦争の勃発を契機とする第一次オイル・ショックにより「狂乱物価」と呼ばれるほどの物価高騰を引き起こし、さらに田中が掲げる日本列島改造論が地価高騰を招いて日本経済にインフレの嵐が襲った。これにより角栄人気は急速に冷めていった。

一九七三（昭和四八）年七月には日中国交正常化に反対した自民党の若手議員たちによって派閥横断的なタカ派グループ・青嵐会が旗揚げされ、田中内閣を揺さぶった。青嵐会には水田派からも内海英男《うつみひでお》、中川一郎、中山正暉が参加し、田中内閣打倒の狼煙を上げた。特に中川は、大蔵政務次官として田中内閣を支える立場にありながら、青嵐会の代表世話人となり、「田中の台湾にたいする冷たい仕打ち」に加え、「田中の体質からぷんぷんと発散される金権のにおい」と「田中の周辺につきまとう黒い影」に我慢ならず、反田中の急先鋒となった。（『反骨の宰相候補』）

一九七四（昭和四九）年七月に行われた参議院議員選挙では、人気挽回を図るべく、田中は史上空前とも言える巨額の選挙資金を注ぎ込む「金権選挙」を展開した。しかし、自民党は改選議席数七〇議席に対して、六二議席にしか達せず、保守系無所属を含めた与党と野党の議席差は、わずか七議席となり「保革伯仲時代」を迎えることになる。

結果、自民党内から田中の金権的政治体質に批判が噴出し、副総理の三木武夫《みきたけお》、大蔵大臣の福田赳夫、行政管理庁長官の保利茂《ほりしげる》が相次いで閣外に去った。大蔵政務次官の中川も福田と一緒に辞任、急きょ、明が中川の後任として大蔵政務次官に就くこととなった。明の心情は複雑だった。だが、自民党の内紛は野党を利するだけとの判断で、これを受諾した。

一方、田中は窮地に追い込まれていった。一〇月初旬には『文藝春秋』一一月特別号に、田中の金権政治を暴いたジャーナリストの立花隆《たちばなたかし》による「田中角栄研究――その金脈と人脈」、同じく田中の金脈問題と愛人問題を追及したルポライターの児玉隆也《こだまたかや》による「淋しき越山会の女王」という特集記事が掲載された。これを引き金に一二月、満身創痍《まんしんそうい》となった田中内閣は退陣。代わって自民党副総裁・椎名悦三郎《しいなえつさぶろう》が「神に祈る気持ち」で考えた結果だとする「椎名裁定」により、三木が後継に選ばれた。（『議会は生きている』）

自民党には、田中のダーティーなイメージを払拭することが求められていた。したがって、弱小派閥を率いながら「クリーン」を売り物にしていた三木をトップに据えることが自民党にとっては最適だった。それに伴い、明も大蔵政務次官を辞し、五ヵ月足らずで大蔵省を後にした。

第3章　中堅からベテランへ

「婦人問題」の集中審議を提案

一九七五（昭和五〇）年一月の通常国会開会に当たり、明は衆議院社会労働委員長の指名を受けた。当時、衆議院には社会労働委員会以外に、内閣、地方行政、法務、外務、大蔵、文教、農林水産、商工、運輸、逓信、建設、予算、決算、議院運営、懲罰の合計一六の常任委員会が設置されていた。社会労働委員会は一九五五（昭和三〇）年三月に、従来の厚生委員会と労働委員会とが合併して誕生したものである。

労働問題のエキスパートたる明には相応しいポストだった。ただ、これまでは、政務次官在職中を除くと、「攻める立場」にあったが、委員長となれば公正中立を重んじなければならない。委員長就任後初の社会労働委員会は二月八日に行われ、まず明の挨拶から始まった。

これより会議を開きます。この際、一言ごあいさつ申し上げます。

このたび私が当委員会の委員長に就任いたしました。

皆様すでに御承知のとおり、現在の厳しい経済、社会情勢のもとで適切な社会保障政策が必要とされており、当委員会に対する国民各層の期待と関心は多大であると存じます。このとき委員長に就任し、その職責の重大さを痛感いたしておる次第であります。

幸い委員各位には本問題にきわめて御理解があり、しかも深い御造詣をお持ちの方々ばかりでございますので、皆様方の温かい御支援と御協力を賜り、円満なる委員会運営に努め、その職責を果たしたいと存じております。

ここに委員各位の特段の御支援と御鞭撻をお願いいたしまして、ごあいさつといたします。

委員長在任中、明が特に腕まくりして取り組んだのが、「婦人問題」だった。今でこそ「婦人」という言葉は耳にすることも少なくなったが、当時は成人女性を指す表現として多用されていた。

「一九七五年」という年は、国連が女性の地位向上を目指して設けた国際年であり、「国際婦人年」と銘打って世界中で各種行事が開催された。中でも「平等・発展・平和」をスローガンに、六月一九日から七月二日までメキシコで開かれる「国際婦人年世界会議」は、婦人問題をテーマとする世界規模の一大国際会議で、日本からも婦人運動家で前津田塾大学学長の藤田《ふじた》たきをはじめとする政府代表の派遣を決めていた。

そこで社会労働委員会では六月一三日、国際婦人年世界会議を控える中、婦人問題に関する集中審議を行うこととなった。これは委員長である明の提案で実現したものだった。

集中審議には厚生大臣・田中正巳《たなかまさみ》、労働大臣・長谷川峻《はせがわたかし》も出席し、関係省庁に対して、自民党の高橋千寿《たかはしちず》、社会党の金子《かねこ》みつと土井《どい》たか子《こ》、共産党の田中美智子《たなかみちこ》と栗田翠《くりたみどり》の女性議員五人を含む七人が、婦人行政について質問した。その内容は、国家公務員の女性採用問題、職場における男女間の格差問題、非正規雇用で働く女性や看護婦と准看護婦の待遇差問題と多岐にわたった。女性に関する政策領域に限定した集中審議は国会史上初めてのことだった。

続いて超党派による衆参両院の全女性議員によって提起された「国際婦人年にあたり、婦人の社会的地位の向上をはかる決議案」が一七日に衆議院、一八日に参議院それぞれの本会議で採択、全会一致で可決された。これらの取り組みにより、日本としての婦人問題に対する熱意を世界に発信することができたのであった。

水田派解散、無派閥へ

その頃、国会では戦後最大級の贈収賄事件に揺れていた。ロッキード事件である。一九七六(昭和五一)年二月、アメリカ上院外交委員会の多国籍企業小委員会において、ロッキード社が日本へのジェット機売り込みのため、日本の政府高官に多額の資金提供をしていたという疑惑が浮上した。東京地検特捜部は急ピッチで捜査を進め、半年後の七月二七日、元首相の田中角栄が五億円もの賄賂を受け取ったとして受託収賄と外為法(外国為替及び外国貿易法)違反の容疑で逮捕され、自民党に激震が走った。

金脈批判が吹き荒れる中、首相・三木武夫は政治浄化を図るべく、ロッキード事件の徹底した真相究明を唱えた。世論の追い風を背に三木は、ロッキード事件に関する資料提供を求めるアメリカ大統領・フォード宛の親書を送って協力を求めた。国会では疑惑の渦中にある人物への証人喚問が繰り返され、政情は不安定化し、自民党内は疑心暗鬼に陥った。（『三木武夫の熱い二百日』）

三木の取り組みはあまりに急進的だった。一九七四（昭和四九）年七月の参議院議員選挙で、三木の地元である徳島地方区に、田中派が自派の新人・後藤田正晴《ごとうだまさはる》を自民党公認として擁立し、三木の推す現職・久次米健太郎《くじめけんたろう》を非公認としたことへの恨みもあった。選挙戦は「三角代理戦争」と呼ばれ、結果的には久次米が後藤田を破って当選するが、これにより田中と三木の対立は決定的なものとなっていた。（『実録三木武夫』）

田中を追い詰めようとする三木の態度に、自ら彼を首相にする裁定を下した副総裁の椎名悦三郎までもが「はしゃいでいる」と批判するほどで、やがて倒閣運動へと拡大していった（『政客列伝』）。起訴翌日の八月一七日に田中が保釈されると、田中派の怨念が三木に向けられ、これに大平派、福田派の反主流三派と船田派、水田派、椎名派の中間派も加わって、総勢二七七人で挙党協（挙党体制確立協議会）が発足、「三木降ろし」が始まった。

しかし、「三木降ろし」に対しては、世間の風当たりは強く「ロッキード隠し」との批判が噴出した（同右書）。挙党協も決して三木が主張するロッキード事件の真相究明を否定していたわけではなかった。自民党が危機的状況にあるにも関わらず、党内調整を無視して安易に野党と協力する三木の暴走を食い止めるために決起したものだった。

年末には衆議院議員の任期満了が迫っていた。公営選挙の拡大、行き過ぎた物量《ぶつりょう》選挙の規制強化を柱とする公職選挙法改正と、政治献金に上限を設ける政治資金規正法改正には漕ぎ着けたものの、結局、衆議院解散に踏み切れなかった三木は任期満了による選挙を経て、退陣に追い込まれた。

この選挙では、ロッキード事件に対する国民の厳しい審判を受け、自民党は保守系無所属を加えて過半数を少しばかり上回る二六一議席を獲得するに止まった。一方で、河野洋平《こうのようへい》を筆頭とする六人がロッキード事件を機に自民党を離党して「保守政治の刷新」を掲げて旗揚げした新自由クラブは一七議席にまで伸び、一種のブームを惹き起こした。

選挙後の一二月、新たに福田赳夫内閣が発足した。佐藤栄作退陣後の一九七二（昭和四七）年七月、田中との間で「角福戦争」と称される激烈な戦いを演じ、自民党総裁選挙では決選投票で敗れはしたものの「日本国が近い将来、再びこの福田を必要とする時が必ずやってきます」と予言した通り、ついにトップの椅子を射止めた。（『回顧九十年』）

福田は時に七一歳、決して若くはなかったが、「さあ働こう内閣」と自ら命名し、「三木降ろし」による政治停滞の反省の上に立ち、山積する政策課題を処理すべく、「清新にして強力」な老壮青のバランスの取れた実務型内閣を組閣した（同右書）。これに伴い、明は社会労働委員長に続いて今度は衆議院運輸委員長に就任した。

福田内閣誕生の前々日のことだった。一三回目の当選を果たしたばかりの水田三喜男が穿孔《せんこう》性腹膜炎《せいふくまくえん》のため急逝、大黒柱を失った水田派は活動停止を余儀なくされた。父・伴睦の作った旧大野派を源流としていただけに、明にとっても、そのショックは大きかった。

折しも福田が、自民党を再建すべく「党改革実施本部」を設置し、総裁として派閥解消を含む全党を挙げての「党の出直し的大改革」を訴えていた時期と重なっていた（『回顧九十年』）。

水田亡き後、リーダー不在の状態が続いた水田派は、それから二ヵ月後、正式に解散した。

ただ、解散後も村上勇を中心に旧水田派のメンバーによる会合は続いた。一時、「巽会」として グループを復活させたこともあったが、それは派閥というよりも親睦会、サロンに近かった。以来、明は約一〇年間にわたって無派閥で通したのであった。

「大臣候補」に

「経済の福田」を自任した福田赳夫は、経済再建に取り組む一方、外交でも目覚ましい成果を挙げる。一九七七（昭和五二）年八月のＡＳＥＡＮ（東南アジア諸国連合）諸国歴訪の際には、フィリピンのマニラにおいて、日本の軍事大国化の否定、「心と心のふれ合う」関係の構築、対等なパートナーとして東南アジアの平和と繁栄に寄与することを謳った「福田ドクトリン」を発表、その後の日本のアジア外交における基本方針となった。

さらに、中国との間で多くの障害を乗り越え、日中平和友好条約を結んだのも福田内閣であった。一九七八（昭和五三）年一〇月二三日、中国副首相の鄧小平《とうしょうへい》を日本に迎え、日中平和友好条約の批准書交換が行われた。

批准書交換から一週間後、自民党初となる全国党員・党友参加による総裁予備選挙が告示された。予備選挙の実施は三木武夫が退陣に際して提言した「党近代化」の一環で、「開かれた国民政党」への脱皮を目指し、福田が率先して導入したものだった。

選挙戦には福田、大平正芳、中曽根康弘《なかそねやすひろ》、河本敏夫《こうもととしお》の四人が立候補した。ただ、実質的には福田と大平の一騎打ちだった。当初は福田優勢が伝えられた。

ところが、蓋《ふた》を開けてみると、福田の宿敵・田中角栄率いる田中派が大平の後ろ盾となって、なりふり構わず党員・党友に向けた大規模な人海・物量作戦を展開したことにより、大方の予想に反して大平圧勝となった。福田派内では、「このまま引き下げるべきではない」として、上位二人を対象とする国会議員による本選挙に挑むべきとの主戦論が相次いだが、福田は「天の声にも、変な声もある」との名文句を残し、本選挙への立候補を辞退、「敗軍の将は兵を語らず」と、潔く首相官邸を去っていった。（同右書）

こうして一二月、大平内閣が成立する。組閣に際しては明も最後まで「大臣候補」として名前が残った。当選五回で政務も党務もこなす実力派の中堅として存在感十分だった。しかし、総裁予備選挙でできた派閥間のしこりを解消させるべく、大平は田中派をはじめとする大派閥からの起用と、「入閣待機組」と呼ばれる未入閣のベテランの処遇を優先したため、無派閥で年齢も五〇歳という当時の自民党としては「若手」の部類に入る明の大臣起用は見送られた。

明は自民党副幹事長として党務に専念することとなった。三木内閣末期から福田内閣を経て

建設工事現場を視察する明（中央）

大平内閣まで、明は通算四回にわたって副幹事長を務めている。この間、内田《うちだ》常雄《つねお》、大平、斎藤邦吉と三人の幹事長に仕えた。

その傍ら、地元・岐阜の繊維、陶磁器、刃物といった地場産業の活性化、岐阜環状線の道路建設促進に汗を流した。さらに東海道新幹線「ひかり」の岐阜羽島《はしま》駅停車にも力を入れ、後に、これを実現させた。

反対討論に立つ

学究肌の大平正芳は、著名な論客をブレーンに据え、内政では「田園都市構想」、外交では「環太平洋連帯構想」や「総合安全保障構想」と、斬新なアイデアを次々と打ち出し、「信頼と合意の政治」を基本方針に定めた。他方、赤字国債の発行が恒常化する中、大平は財政再建のため、税収が景気に左右され難い「一般消費税」の導入を一九七九（昭和五四）年一月に閣議決定、秋の衆議院議員選挙に臨んだ。

戦後日本の税制は所得税、法人税という直接税が中心で、大半の国民は、商品購入やサービス自体に課税する間接税の仕組みが理解できなかった上、「増税」という言葉自体に激しい拒否反応を示した。明も、まずは行政をスリム化させ、コスト縮減を図ることが先決であるとして、一般消費税の導入には、どちらかと言えば否定的だった。結局、大平は選挙戦の最中に、この公約を引っ込めざるを得なくなった。

悪いことは重なる。一〇月七日の投開票日当日、日本列島は土砂降りの雨で低投票率となり、自民党の獲得議席数は当時としては結党以来最低の二四八議席と、過半数を割り込む惨敗を喫した。田中角栄は「雨で一〇人、増税で一〇人やられた」と分析したが、これにより、自民党内では福田赳夫が旗振り役となって大平退陣を求める動きが活発化していった。（『戦後史の焦点』）

選挙終了から首班指名までの四〇日間にわたる「四〇日抗争」の始まりである。自民党史上最大の危機であった。首班指名では同じ自民党から大平、福田の二人が首相ポストを争うという異常事態となった。大平は決選投票の末に何とか再選されたものの、混乱は続いた。

内閣支持率も低迷の一途をたどった。そんな中、一九八〇（昭和五五）年五月一六日、大平内閣に対して社会党が内閣不信任決議案を衆議院に提出する。衆議院本会議は、福田派と三木派を中心に多くの反主流派が欠席したまま開会し、提案者である社会党委員長の飛鳥田一雄《あすかたいちを》の賛成討論に続き、自民党の反対討論が始まった。

険しい表情を浮かべながら演壇に姿を現したのは明だった。反主流派による新党結成が囁かれる中、何としても四半世紀前に父・伴睦が作った自民党を分断させることだけは避けなければならない。確かに大平内閣の政治運営に不満がないわけではなかったが、政党人としての矜持から、反主流派を批判することなく、堂々たる反対討論をぶった。


政権を託するに足る国民の信頼も得られず、また、その主義、その政策においても、現実の政治を担う資質と能力に乏しい野党が、この時期にあって何ら理由のない不信任案を無理やり出したことは、来る参議院選挙目当ての、きわめて宣伝臭の強い党利党略に発したものであると断ぜざるを得ないのであります。議会制民主政治のもとでは、政権を選択するのは、主権者たる国民であります。その国民の意思を無視し、このように内閣不信任決議案を党略に利用する野党の諸君に対し、激しい憤りを覚えるものであります。（中略）
野党の内閣不信任決議案は、従来もいわれのない党利党略のものでありましたが、本日提出されました内閣不信任案は、憲法に定める不信任案の意義を履き違えたものであり、否、履くことさえ知らぬ無知をさらけ出したのみであり、まさに国会の権威を著しく傷つけたものと言えるのであります。

万雷の拍手が鳴り響いた。しかし、自民党から反主流派六九人が欠席し、内閣不信任決議案は賛成二四三票、反対一八七票の大差で可決された。参議院議員選挙を控え、大平は衆議院を解散し、憲政史上初の衆参同日選挙に踏み切った。選挙戦は分裂状態で臨む自民党の苦戦が予想された。

同日選挙は、まず参議院議員選挙からスタートした。公示日当日、大平は東京地方区から自民党推薦で出馬した現職・安井《やすい》謙《けん》を応援すべく新宿へと向かい、大勢の聴衆を前に熱弁を振るったが、明らかに普段と様子が違った。途中で何度も苦しそうな表情を見せる。

その日の夜中、大平は虎の門病院に緊急入院した。しかし、治療の甲斐も虚しく心筋梗塞から急性心不全を起こし、六月一二日、投開票日を待たずに急逝する。享年七〇、壮絶な戦死であった。

選挙は弔い合戦の様相一色に染まり、流れが一気に変わった。反主流派までもが大平の遺影を抱えての選挙運動を展開したという（『去華就實』）。結果、自民党は衆参いずれも大勝し、与野党伯仲状況から脱することに成功したのであった。

自民党国民運動本部を率いる

急逝した大平正芳の後継には、「和の政治」をスローガンに掲げる鈴木善幸《すずきぜんこう》が選ばれた。温厚篤実で、自民党総務会長を長く務めた調整型の党人派政治家である。

明は鈴木内閣で法務大臣に就任した奥野誠亮《おくのせいすけ》の後任として、自民党国民運動本部の本部長となった。国民運動本部は一九六五（昭和四〇）年一月、「社会・共産両党を中心とした左翼陣営の偽装的平和論と観念的非武装中立主義を掲げる闘争に対し、彼らの革命の企図と野望を広く全国民に訴え、真の平和と安全を守る正しい世論の喚起と国論の統一をはかるための国民的運動」を展開するために設置されたものである（『国民運動本部の歩み』）。保守政党として、当時、エスカレートしつつあった過激な左翼運動を牽制することが活動方針の柱だった。

本部長在職中、明が特に熱心に取り組んだのが難民問題だった。ベトナム戦争終結と相前後し、ベトナム、ラオス、カンボジアのインドシナ三国では、相次ぐ政変を経て、共産主義政権が権力を握ったことにより、迫害や弾圧に怯える多くの人々が難民として国外脱出を図った。「インドシナ難民」と呼ばれる人々である。その数は約一四四万人に達したと言われている。

インドシナ難民の激増は当時、早急に対応を講じなければならない喫緊の国際問題となっていた。これに強い関心を持った明は、国民運動本部の中に「難民対策実施本部」を設置し、自ら本部長となって難民救済活動に乗り出した。（同右書）

新宿ステーションビルで催されたアジア福祉教育財団難民実施本部主催の写真パネル「難民展」への協力、自民党の各種会合において募金活動も実施し、さらに、一九八〇（昭和五五）年九月一四日から一八日までインドシナ難民が暮らす難民キャンプを視察すべく、タイと香港に飛んだ。

難民受け入れだけでは何の解決にもならない。難民を生み出さないために国際社会は何をすべきか。日本にできることとは何か。

明は視察を通じて、根本的問題を考えることこそが、解決への第一歩であることを痛感したという。帰国後、「岐阜日日新聞」に現地の状況を綴ったレポートを寄せている。その一端を紹介したい。

難民が国際的な問題になっているため視察に行こうということになり、タイ、香港に出かけた。タイではバンコクから三時間車に乗ってサキオ、カオイダンのキャンプに行った。日本からも医療団が入り、医師、看護婦らが活動しており、世界中の赤十字などから医薬品が送られて来ていた。衛生状態が良くないことやコレラ多発地帯という悪条件が重なっていてカンボジアから逃れて来た難民は病気に対する関心が深いようだった。現地では、現在、ビールス性の結膜炎が流行して、これを治す目薬がほしいと訴えていた。手術が出来る施設も整い、まずまずの状態。結核もまだ出ているが、医師にみてもらいたいという精神的な患者も多いようだ。食糧も世界中から入り、なんとかなるというところだが、キャンプから出られない不自由さが残っている。でも生活の保障はされているといったところ。

キャンプの中で十五、六歳の男の子が「お願いがあります。フランスにいる友達に手紙が出したいが切手がないので送ってほしい」と頼まれたので、早速、バンコクに戻って送ってあげた。（中略）

香港はベトナムのボート・ピープルが収容されているが、こちらは衣料、台所用品がなんとか整えられていた。タイの難民と比べると余裕のある人が流れて来たことや九竜との地下鉄の工事に従事していることから比較的生活も良いようだった。また中国からの難民も多いようだ。身寄りのある人は働けるが、身元のわからない人は働けず、悪の道に入ってしまうケースがあるようだ。（「岐阜日日新聞」一九八〇年一〇月一〇日朝刊）

タイ訪問時、国民議会の上下両院議員たちと懇談した明は、日本との交流促進のため議員連盟を設立するよう要請した。当時、日本には「日・タイ議員連盟」があった。一九六二（昭和三七）年三月に父・伴睦を会長に発足したものである。カウンターパートの設置を求められた先方は、これを快く受け入れ、明の滞在中に実現させてしまったという。

明が国民運動本部長として、もう一つ重視したテーマが北方領土返還運動だった。第二次世界大戦末期の一九四五（昭和二〇）年八月九日、日本の敗戦が確実になったのを機に、ソ連は一方的に日ソ中立条約を破棄して満州、南樺太に侵攻し、「ポツダム宣言」受諾後も攻戦を止めず、火事場泥棒的に日本固有の領土たる国後島、択捉島、色丹島、歯舞群島の北方領土を不法占拠した。一九五六（昭和三一）年一〇月、時の首相・鳩山一郎自らモスクワに乗り込み、粘り強い交渉の末、「日ソ共同宣言」調印に漕ぎ着けるも何の進展も見られないまま時間だけが過ぎ、ソ連は北方領土の実効支配を強めていった。

こうした中、鈴木内閣は一九八一（昭和五六）年一月、毎年「二月七日」を「北方領土の日」にする旨を閣議決定し、それに併せて七月、自民党としても「九月三日」を「ソ連の北方領土不法占拠に抗議する日」にすることを党議決定した。昭和天皇が「終戦の詔書」を玉音放送にて国民に発表して以降も、北方領土に進撃を続け、「九月三日」までに四島全てを占拠し、未だ返還しないというソ連の不法行為を忘れないために制定したものである。

これを受け、明は「ソ連の北方領土不法占拠に抗議する日」に向け、自民党北方領土対策特別委員長の中山正暉と協議し、四島一括返還の早期実現のために、国民の意識喚起を図るべく七月三〇日から八月二九日までの一ヵ月間、「北方領土返還要求全国街頭遊説」を国民運動本部主催で実施することとした。二人は大阪を皮切りに宮城、福岡、北海道、沖縄、高知、岡山、石川、愛知、東京の順で全三三ヵ所において手分けしながらマイクを握った。(『国民運動本部の歩み』)

一九八二(昭和五七)年一〇月半ば、一一月末に自民党総裁選挙を控える中、再選確実と見られていた現職の鈴木が突然、「新しい指導者のもと人心の一新をはかり、挙党体制を確立し、もってわが党に新しい生命力を賦与することが党総裁としての私のなしうる最後の仕事であると確信するに至った」として退陣を表明した(『自由民主党党史　党史編』)。財政再建をはじめとする数々の政策課題が行き詰まりを見せる中、自身の指導力に限界を感じていたのであろう。「和の政治」を重んずる鈴木らしい出処進退であった。

これにより、安倍晋太郎《あべしんたろう》、河本敏夫、中川一郎、中曽根康弘の四人による総裁予備選挙が実施された。結果、中曽根、河本、安倍、中川の順番となり、このうち上位三人が本選挙に進むこととなったが、河本と安倍が立候補を辞退したため、新たに中曽根が首相となった。

中曽根勝利のバックには元首相・田中角栄の全面的な支持があった。ロッキード事件で被告人となっていた田中だったが、キングメーカーとして依然として隠然たる力を持ち続けていた。

労働大臣として初入閣

その日、国会議事堂界隈は多くの人が慌しく行き交い、緊張感が漂っていた。一九八二（昭和五七）年一一月二六日、新たに誕生する中曽根康弘内閣組閣の日である。下馬評では明の初入閣も確実視されていた。

しかし、人事は最後まで分からない。過去には、入閣間違いなしと報じられ、本人も認証式用のモーニングコートまで用意するも、待てど暮らせど首相官邸からの呼び込みの電話はなく、涙を呑むというケースもあった。

中曽根は参議院本会議に続き、午後一時からの衆議院本会議でも首班指名を受け、午後三時過ぎから首相官邸にて自民党三役人事を開始し、幹事長に二階堂進《にかいどうすすむ》、総務会長に細田吉蔵《ほそだきちぞう》、政調会長に田中六助《たなかろくすけ》を起用することを決めた。続いて午後五時三〇分からの自民党総務会で新三役人事が了承されると、まず自らの女房役となる官房長官に田中派の後藤田正晴を選び、この四人に加え、自民党参議院議員会長・町村金五《まちむらきんご》も入れた組閣本部を設置した。

ところが、無派閥とはいえ、田中角栄に近い秦野章《はたのあきら》の法務大臣への抜擢や田中派偏重という人事情報が外に漏れたため、福田派を中心とする非主流派の強い反発を招き、組閣作業が中断に追い込まれてしまう。そのため、二階堂が途中で組閣本部を抜けて反主流派の筆頭・元首相の福田赳夫と面会し、選考事情を説明するという異例の事態となった。

この間、明は衆議院第二議員会館五〇二号室の自室で、その時を待った。真っ先にやってきたのが自民党岐阜県連会長で県議会議員の古田好《ふるたこのむ》だった。その後、参議院議員の杉山令肇《すぎやまれいじょう》と藤井孝男《ふじいたかお》、県連幹事長の松永清蔵《まつながせいぞう》をはじめ岐阜県議会議員が続々と室内へ。緊迫した空気の中、じりじりと時間だけが過ぎていく。組閣は大幅に遅れた。

午後九時三五分、ようやく五〇二号室の電話が鳴った。首相官邸からの呼び出しである。居合わせた古田たちは一斉に万歳の雄叫びを上げた。与えられたポストは労働大臣だった。初当選以来、明は労働問題一筋の政治人生を歩んできた。まさに適材適所である。

東京からの一報を受けた岐阜の地元事務所も歓喜に沸いた。集まった支持者たちは興奮気味に万歳三唱を連呼し、国務大臣、北海道開発庁長官を務めた伴睦との「親子二代の大臣」の栄誉を祝福した。だが、組閣が難航したことで、皇居での認証式は翌日に持ち越された。中曽根内閣の布陣は以下の通りである。

内閣総理大臣　中曽根康弘
法務大臣　秦野章
外務大臣　安倍晋太郎
大蔵大臣　竹下登
文部大臣　瀬戸山三男
厚生大臣　林義郎
農林水産大臣　金子岩三
通商産業大臣　山中貞則
運輸大臣　長谷川峻
郵政大臣　桧垣徳太郎
建設大臣　内海英男
自治大臣兼国家公安委員長　山本幸雄
内閣官房長官　後藤田正晴
総理府総務長官兼沖縄開発庁長官　丹羽兵助
行政管理庁長官　斎藤邦吉
防衛庁長官　谷川和穂
経済企画庁長官　塩崎潤
科学技術庁長官　安田隆明
環境庁長官　梶木又三
国土庁長官兼北海道開発庁長官　加藤六月

労働大臣　大野明

二七日午前一〇時、明はモーニングコートを着て皇居での認証式に臨んだ。さらに首相官邸での初閣議、記念撮影、労働省への初登庁と休む暇はなかった。だが、緊張のあまり終始、強張った表情の明だったが、記者会見では冗談まで飛び出すほどの余裕を見せた。記者会見が終わると今度は労働省でレクチャーが始まり、夜はテレビ番組の録画撮り。その間、祝福の電話対応にも追われた。

労働大臣として国会で答弁

激務の毎日

就任以来、明は目が回るほど多忙な日々を送ることとなった。定例・臨時の閣議に加え、国会では本会議・委員会に臨み、労働省所管業務（省議・レクチャー）、記者会見も頻繁に行われる。公式行事に出席すればスピーチを求められる。海外を含む出張・視察も多く、それこそ睡眠時間を削りながら公務に当たった。

中でも気を揉むのが国会での答弁である。明が労働大臣在任中の約一年間で本会議・委員会で答弁に立った日数は四八日、発言回数は二六三回に及んだ。

答弁は国会会議録に記録されるため、アドリブで答えるわけにはいかない。事前勉強は必須である。そのための時間を確保するのに随分と苦労した。

就任から二週間後の一二月一〇日、参議院本会議で社会党・大森昭《おおもりあきら》からの質問に明は次のように答えた。これが労働大臣としての「初答弁」である。全文を紹介したい。

大森議員御質問の雇用問題についてお答え申し上げます。

最近の雇用失業情勢は、景気の低迷を反映して労働力需給の緩和、失業者の増加等厳しい状況でございます。このため政府としては、内需を中心とした景気の着実な回復と雇用の安定を確保するため、先般、公共投資の推進等による内需の拡大、不況産業対策及び雇用対策を柱とする総合経済対策を決定し、特に雇用対策としては、不況業種や不況地域における雇用安定対策、新規学卒者対策等を強化することとしたところでございます。今後とも雇用の安定を図るためには、適切かつ機動的な経済運営に努めることが重要と考え、これらを推進するに際しましては、産業構造の変化、国民のニーズの多様化等諸環境の変化にも十分配意し、国民の福祉向上につながるようにしていくことが必要と考えております。

次に、基礎素材産業等構造不況業種の構造転換を進めるに当たりましては、関係企業及び地域の労働者の雇用の安定に十分配慮しつつ実施されることが必要であると考え、労働省といたしましては、これら構造不況業種に関する雇用対策について、特定不況業種離職者臨時措置法等に基づき、関係労働者の失業の予防、再就職の促進等雇用の安定のための諸施策を講じているところでございます。今後とも関係省庁とも十分連絡をとりつつ、失業の予防を初めとするこれらの諸施策を積極的に推進することとし、関係労働者の雇用の安定が図られるよう諸対策の整備充実に努めてまいりたいと考えております。

次に、今後マイクロエレクトロニクス技術を中心とした技術革新が一層進展すると、その雇用に及ぼす影響について楽観は許せないと考えております。しかし、技術革新はわが国の経済の発展にとっては不可欠のものでありまして、したがいまして、今後の対応の方向としては、マイクロエレクトロニクス技術の進展に伴い生ずるところの摩擦を政労使の努力によりでき得る限り事前に回避、克服して、その成果を経済の発展、国民福祉の向上に生かしていくことが肝要であると考えております。こうした観点に立って、これらの技術革新が雇用に及ぼす影響等について現在総合的な調査研究を進めるとともに、雇用問題政策会議等の場を通じ、労使の意思疎通の促進や能力開発の促進等の対策を進めているところであります。今後、調査研究の成果も踏まえ、適切に対応してまいる所存でございます。

そんな殺人的スケジュールに追われる明を常に傍らでサポートしたのが、二人の秘書官だった。国務大臣の秘書官には政務担当と事務担当の二種があり、政務担当は個人の意思で自由に選ぶことができるが、事務担当は所管する各中央省庁の役人を充てるのが通例である。明の政務担当秘書官には小《こ》島《じま》嵃《たかし》が、事務担当秘書官には労働省から長《なが》勢《せ》甚《じん》遠《えん》が就いた。

小島の実兄・馨は、明の幼馴染みで、かつて印刷会社を共同で経営するほどの盟友だった。

それが縁で小島は長年にわたって明に仕え、当時は公設第一秘書を務めていた。労働省のキャリア官僚・長勢は後に明と同じ道を歩むことになる。秘書官退任後の一九八八（昭和六三）年一月に労政局労働法規課長を最後に退官し、一九九〇（平成二）年二月、旧富山一区から国政へ。衆議院議員を七期務め上げ、この間、法務大臣をはじめ数々の要職を歴任した。

長勢は政界引退後の二〇一四（平成二六）年一月に出版した自らの著書『甚遠のおもしろ草子』（長勢甚遠著述集刊行会）に明との微笑ましいエピソードを記している。その一端を紹介したい。

長勢甚遠と碁を打つ明（右）

当時私は労働省の政府委員室（国会対策を担当）の責任者をしていたので、中曽根内閣の発足ということになり、労働大臣に誰がなるかという情報収集に余念がなかった。二、三日後には組閣があるであろうという頃になって労働省の幹部に呼び出された。行ってみると私と同年に入省した某君と二人が呼ばれていた。そこで国会担当である私に「今度は誰が大臣になられるか」という質問があった。そんなこと正確にわかるわけではないので何人かの名前を報告したのであるが、その中には大野明先生の名前も含まれていた。その幹部はやおら「そうか。そこで次の秘書官だが、大野明先生の場合は長勢君にやってもらう。それ以外の方が大臣にこられた場合は某君にやってもらう」という指示である。（中略）

ひっかかったのは何故大野先生の場合は私で、大野先生以外の場合は私ではないのかという点である。国会対策の仕事柄大野先生には何度もお会いしていたが、当選七回、大野伴睦先生の子息という大物で当時そんなに昵懇というわけでもなかったからである。（中略）

総理官邸に着いてしばらくして新大臣の呼び込みが開始された。労働大臣には大野先生が就任されることが明らかになるや、その場で「大野先生だから秘書官は長勢君だ」と言い渡された。余り秘書官を命ぜられたという実感がわかず、変な辞令の申し渡し方だなあと思い、なりゆきだなあとぼんやり感じた位で、感激も緊張も不安も少なかったように思う。それよりもこれで政府委員室の仕事が解かれたわけで何か残念なような気分もあり、新大臣を迎えて忙しくなる元の部下たちは私がいなくなって困らないかな、失敗しなければいいがなどと呑気なことを考えていた。ややあって総理から労働大臣の指名を受けられた大野新大臣が総理大臣室から出てこられた。省の幹部がお迎えして「おめでとうございます。よろしくお願いします。秘書官にはここにいる長勢君をつけたいと思いますがよろしいでしょうか」とお伺いし、新大臣から「よろしく頼むよ」とお答えがあり、ここに正式に長勢労働大臣秘書官が誕生したのである。

大野大臣には一年一月にわたりお仕えさせて頂き、正直言って肉体的には大変であったが精神的に疲れることは全くなかった。むしろ一心同体の気持で心をこめてお仕えすることができたことを本当にうれしく思い感謝している。先生には失礼かもしれないが弟になった気分で過させて頂き甘えさせて頂いてしあわせだったという思いしか残っていない。以来ずっと家族ぐるみのおつきあいをさせて頂いているが今後もかわることはないであろう。これも大野先生、令夫人の人徳によるものと思っている。

それにしても何故「大野先生の場合は長勢君」だったのであろうか。役所の人事のつごうもあったであろうが、どうも大臣と秘書官の相性を省の幹部が考慮したためのようである。それは秘書官になった直後、大野先生とつきあいの深いたくさんの人から同じような忠告や慰めのことばをかけられたことから気づいたことである。「大臣はわがままだから大変だろう」「お前には苦労をかけるな」「お前しか大臣の相手ができる者はいないのだからしっかりやれよ」等々である。大野先生は労働省とのつきあいが長く深かったので、幹部の大野先生のイメージは伴睦先生の子息でお坊ちゃん育ちでわがままで無理難題をいうのでつきあうのが大変だというようなことで定着していたふしがある。役割としてはそういう大臣を制御しなければならないわけで、そのキーマンは秘書官ということになり、そこで私が指名されたということのようである。となると私はどういうイメージでみられていたのかが気になるが、案ずるにわがままな大臣には思ったことをズバズバいう性格の者が役所の楯としてはうってつけだ、またそういう性格の者ではないともたない、というようなことだったのであるまいか。そんなところで私ということになったようである。（中略）

この役所の認識は正しいとはいえない。私についてはともかく、大野先生の一見わがままにみえるであろう言動は、私には思いやり、誠実さ、やさしさ、思慮深さのあらわれとしか感じられなかった。だからこそそれに応えたいと本心から努力することができたのだし、そういう大臣だからこそ私の努力を認めて頂けたのだと思っている。しかし役所の判断は結果的には成功したわけだし、何よりも私と大野大臣との偶然の運命的な出会いを作ってくれたわけだから大いに感謝している。

秘書官時代、私はどんなに遅くなっても大臣を自宅までお送りすることにしていた。秘書官になって半年位たった頃、例によって深夜一時頃自宅にお送りし奥様からお茶をごちそうになりながら雑談の相手をしていた。そのうち私の秘書官拝命の経緯が話題になった。大臣が「お前は気に入らん奴だ。大体何でお前が秘書官になったんだ。誰が決めたんだ。」と言われるのである。

「何でなったといわれても志願して勝手になったわけではありません。大臣に就任された時に官邸で労働省の幹部から大臣に『長勢君にしたいがよろしいでしょうか』と聞いたでしょう。その時大臣が『いいよ』と言われたからなったんじゃないですか」「それじゃその時俺がダメといえばならなかったのか」「そうですよ。大臣がダメといわれりゃなれませんよ。そんな大臣はめったにおられませんけど」「それじゃ今からでも長勢をかえろといえばお前はやめさせられるのか」「もちろんそうです」「誰に言えばいいんだ」「事務次官ですがはじめは官房長にいわれた方がいいんじゃないですか」「じゃ今から官房長に電話をかけて長勢をかえろといってもいいかね。あわてるかな」「何事かと思ってとんでくるでしょうね。おもしろいからやってみますか」（中略）

側におられた奥様がはじめはおもしろがっておられたがいつまでも話が続くので「こんなに遅くにバカな話をして長勢さんを引きとめておくものではありませんよ。返してあげなさい。」と言われ、この話はおしまいになった。なつかしい思い出である。（『甚遠のおもしろ草子』）

厳しい雇用環境の中で

明が労働大臣に就任した当時、イラン革命の混乱によって生じた第二次オイル・ショックにより、世界中が経済不況に巻き込まれていた。日本も景気低迷に陥り、産業構造の変化も相俟《あいま》って失業問題が深刻化していた。さらに発展途上国の追い上げによる新国際分業や貿易摩擦といった国際環境の変容により、楽観を許さない状況にあった。

こうした中で、明が中長期的な雇用対策の方向を示す第五次雇用対策基本計画の策定と併せて取り組んだのが、既存の特定不況業種離職者臨時措置法と特定不況地域離職者臨時措置法という二つの法律、いわゆる「離職者二法」を統合・拡大させた「特定不況業種・特定不況地域関係労働者の雇用の安定に関する特別措置法」の制定だった。離職者二法は第一次オイル・ショック後、造船や繊維をはじめとする「構造不況業種」から減量経営に伴う離職者が相次いだことにより、関連業種の労働者、これら関連業種が集積している地域の雇用問題に対処するために作られたものだった。

そこで、第二次オイル・ショック以降の新たな経済・雇用情勢に鑑み、さらに内容を強化させるべく、離職者二法の有機的連関を図り、関連業種の労働者の失業予防、再就職促進のための新法を設けることにしたのである。新法は一九八三（昭和五八）年五月、無事に成立し、さらに、第五次雇用対策基本計画も一〇月に閣議決定に至った。

他方、明は誰もが生涯現役で働くことのできる社会の実現を目指し、猛スピードで進む高齢化にも向き合った。高齢化は単に高齢者だけの課題ではない。明は、高齢化問題を「どう生まれ、育ち、働き、死に至るかという国民一人一人の人生全体の問題」と捉え、そのための「企業の雇用のしくみ、社会のしくみをどう作っていくか」という切り口で対応を考えた。(『高齢化社会に取り組む』)

中でも明が特に関心を持ったのが「シルバー人材センター」の存在だった。机に向かって考えているだけでは何の問題解決にもならず、アイデアも浮かばない。明は徹底して現場に赴き、シルバー人材センターのスタッフをはじめ当事者の意見を拾い集めた。

シルバー人材センターは決して利潤を追求するものではない。高齢者が働く喜びと生き甲斐を感じ、健康維持を図ると同時に地域社会の活性化に寄与することを趣旨としている。ゆえに資金面を含め、国や地方自治体からの支援に依存せざるを得ない。そのため、シルバー人材センターの増設や設置基準の緩和、補助金増額、労働災害に対する補償制度の充実と、様々な陳情が明に寄せられた。

就中《なかんずく》、当事者から強く求められたのが「シルバー人材センターを法律上の制度として求めてほしい」というものだった（同右書）。明は法制化に向けた検討を進めた。結果的には明が労働大臣を退任した後の一九八六（昭和六一）年四月に、「中高年齢者等の雇用の促進に関する特別措置法の一部を改正する法律」に基づいて名称を「高年齢者雇用安定法」に改めた上で、これが成立し、シルバー人材センターに関する条項も設けられた。この法制化に合せて、明のところに寄せられたシルバー人材センターに関する多くの要望も解決を見たのであった。

労働外交の推進

第二次世界大戦後の荒廃によりゼロからの出発を余儀なくされた日本だったが、その後、驚異的な経済成長を遂げ、世界第二位の経済大国となった。欧米諸国に「追いつけ、追い越せ」をモットーに走り続けた結果である。

国際社会における日本のポジションは瞬く間に向上した。一九七五（昭和五〇）年一一月以来、毎年開催されているサミット（先進国首脳会議）のメンバー国にもなり、さらに、第一次オイル・ショック以後の世界同時不況から脱出するには日本、アメリカ、そして当時の西ドイツが積極的な景気拡大を図り、世界経済をリードしていくべきとする「機関車論」まで提唱されるようになった。

日本の経済発展を支えた健全な労使関係、労務管理も国際的関心を集め、さらに職場における労働者の安全・衛生面での指導協力を求める声も拡大していった。そこで明は「労働問題の分野での国際協力や国際的な相互理解の増進」を図るべく労働外交の推進に努めた（『心のふれあい』）。スイスのジュネーブで開かれた第六九回ＩＬＯ（国際労働機関）総会への出席、アメリカ、イギリス訪問の折には、それぞれの国の労働界代表と忌憚のない意見交換を行った。

加えて、明は文化や習慣を中心に様々な類似性が多く見られるアジアにも目を向け、労働問題においても、アジアの一員としての責務を果たすべきと考えていた。アジアの繁栄なくして日本の繁栄もない。そんな中で開かれたのが、第九回アジア太平洋労働大臣会議だった。

その名称からも分かるように、アジア太平洋地域の労働大臣が一堂に会し、共通する労働問題をテーマに自由闊達に意見交換しながら協力関係を築くことで、それぞれの国の労働行政の発展と労働者の福祉向上に努めることを目的としたものである。アジア太平洋労働大臣会議は一九六六（昭和四一）年一二月にフィリピンで開催されて以来、二年に一回のペースで会合を重ねてきた。

九回目となる会議は当初、一九八二（昭和五七）年一一月にパキスタンで開かれる予定だった。ところが、政情不安を理由に開催を辞退、その後、当該地域の多数の労働大臣から日本での開催を求める要請が相次いだため、明は、これに応えるべく奔走し、閣議での了承を得て急きょ、東京で行われることが決定した。日程は一九八三（昭和五八）年一月一七日から一九日までの三日間で、東京のホテルオークラを会場に当該地域に加え中東諸国からも一一ヵ国が参加し、合計三三ヵ国で開かれることとなった。その規模は過去最大であった。

開幕に当たり、会議の議長に選ばれた明が、冒頭の挨拶で「『心と心の触れ合い』こそ人間を対象とする労働行政の真髄であると考えており、この精神をもってこの会議進行に努めたい」と強調すると、会場から大きな拍手が沸き起こった（同右書）。テーマは「雇用及び人材開発」と「労働災害の防止及びリハビリテーション」の二つである。会議では、それぞれの国の代表間で建設的な討論が展開され、最後は共同コミュニケを採択するに至った。会議を通じ、日本としては「世界経済の繁栄のため、その経済的地位にふさわしい貢献をしていくとともに、アジアの一員であるということを認識し、近隣諸国の経済発展と労働者の福祉の増進のため積極的な協力をしていく」という決意を示すことができ（同右書）、参加国からも多くの期待が寄せられた。

大野労政、三つの基本方針

明は労働行政を「人間行政」と呼んでいるが、確かに労働は人間社会における最も基礎的な営みと言える。大野労政を進めるに当たって明は、このことを踏まえ、三つの基本方針を打ち立てた。

大きな柱は「心のふれ合う労働行政」である。明は労働省への初登庁に際しても、職員に対する訓示で「労働行政では、心が通じ合うことが何よりも大切で、思いやり、そして暖い血の流れる人間味あふれる姿勢を全ての職員が持ってほしい」と語った。（『心のふれあい』）

雇用促進に関する法律にしても施策にしても、どんなに内容が立派であっても実態が伴わなければ何の意味もない。企業によって、規模や収益、従業員の年齢・性別・勤務歴や労働環境・条件も大きく異なる。そのため「一方的な押しつけの行政」ではなく、対象となる労働者と雇用主双方の立場を理解し、互いに知恵を出し合いながら政策遂行に当たらなければならない（同右書）。そこで明は現場と行政との「心のふれ合い」を大野労政の根本に据えたのであった。

次に「幅広い視野と柔軟な思考」である。明は「日本人、八五郎説」なるものを唱えている。「八五郎」とは、野村胡堂《のむらこどう》の小説で、映画やテレビ時代劇にもなった『銭形平次捕物控』に登場する銭形平次の子分のことである。

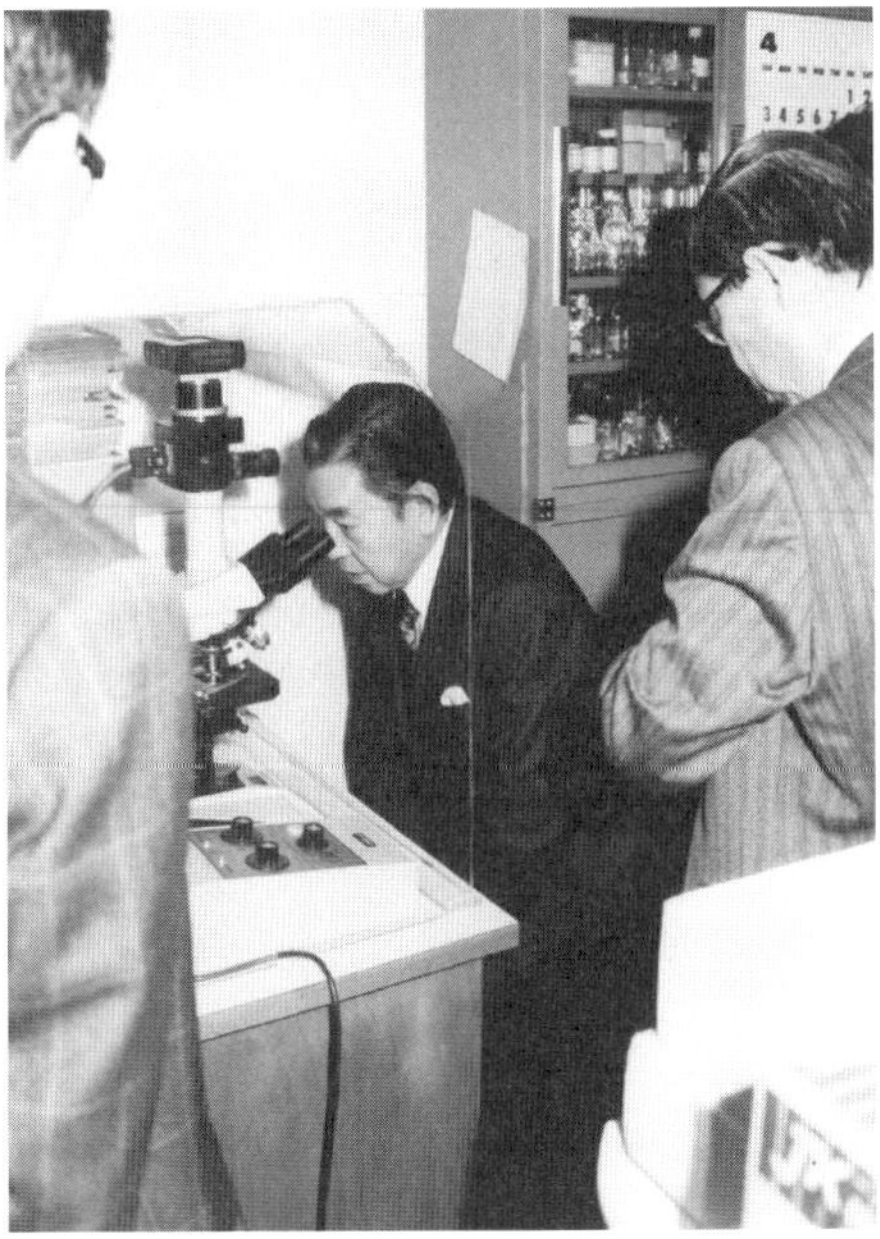

産業医学総合研究所を見学

おっちょこちょいが玉に瑕《きず》だが、好奇心に富み、耳が早く鼻も利く八五郎は、市中の噂を拾い集めては現場に赴き、「親分、大変ッ」を決まり文句に平次に報告、難事件を次々と解決していく。明は「転換と不透明の時代といわれ

る今日、この八五郎的感覚と平次の鋭い洞察力、行動力が、政治にも行政面にも強く求められている」と述べている。（同右書）

高齢化やグローバル化、当時、盛んに喧伝されたＭＥ（マイクロエレクトロニクス）革命といった従来の労働行政を大きく揺るがす変化の波が押し寄せる中、明は既成概念に囚われることなく大胆な発想力、創造力を持って課題に向き合うべきと考えた。そのために労働省の若手官僚を集め、高齢化社会、サービス経済化、ＭＥを中心とする技術革新、ワークシェアリング、パートタイマー、経済政策との連携、国際的視点からみた日本の労働問題、労働問題にかかる国際協力と交流の八項目をテーマとするプロジェクト・チームを発足させ、その検討を進めた。

続いて「団らんのある家庭を目指して」である。明は自らを顧みながら「政治家生活で、一家そろって出かける機会や対話の時間が少ないのが寂しい」と漏らし、「やはり団らんのある家庭は何より」と述べている。（「新春ごあいさつ」）

儒学の経典『礼記』の中の一編「大学」に「修身斉家治国平天下」とある。社会を構成する最小単位の生活共同体である家庭は、国の繁栄と安寧の基礎を成すものと言えよう。

明は、家庭とは「明日の活力につながるくつろぎの場」であり、「次の世代につなぐ教育と文化の伝承の場」であり、さらに「われを育て経済社会を支えた世代の人のやすらぎの場」であるとし、働く人々の生命と健康を守り、過度な長時間労働や休日出勤の見直しを進め、家族と一緒に過ごす時間を少しでも多く確保することの必要性を力説する（『心のふれあい』）。今日、「働き方改革」が叫ばれて久しいが、明の主張は、まさに遠い将来を見据えた卓見と言えるだろう。

大野家の住み込み家政婦だった本坊《もとぼう》千代子《ちよこ》によると、明は、どんなに忙しくても家族と過ごす時間を大切にしていたという。特に妻・つや子に対し、さり気なく感謝の言葉を伝える姿が印象的だったと語っている。

第4章　艱難辛苦を乗り越えて

不安的中

一九八三（昭和五八）年六月、全国区に代わり、拘束名簿式比例代表制を導入しての初めての参議院議員選挙が行われた。中曽根康弘内閣発足後初の国政選挙であった。自民党は地方区で三年前の衆参同日選挙並みの四九議席を獲得、比例区の一九議席を合わせて六八議席と、まずまずの結果となり、非改選との合計も引き続き過半数を超えた。

一方、参議院議員選挙が終わった直後から、国会では一気に解散風が吹き始めた。衆議院議員の任期が三年を超え、いつ解散があっても不思議ではない状況にあった。そうした中で一〇月、ロッキード事件の一審において田中角栄に対し懲役四年、追徴金五億円の実刑判決が下った。

野党は反発を強め田中への議員辞職を迫った。しかし、田中は直ちに控訴、議員辞職の意思は全くなかった。国会は、野党が提出した田中への議員辞職勧告決議案の取り扱いで一ヵ月余り空転した。

野党は早期の衆議院解散を求めたが、中曽根としては、年内解散だけは避けたかった。田中判決から選挙までの時間を少しでも開けた方が、自民党へのダメージを最小限に食い止めることができると考えたからである。だが、田中派は逆に田中判決の悪影響が広がらないうちに年内解散に踏み切るべきと主張した。それは選挙を禊《みそぎ》の機会と捉える田中の意向でもあった。

打開の糸口が見出せない中、衆議院議長の福田一《ふくだはじめ》と参議院議長の木村睦男《きむらむつお》が与野党間の斡旋に乗り出し、年内解散と引き換えに重要法案を成立させることで妥協を図った。年内解散を躊躇っていた中曽根も渋々、これを受け入れた（『「解散」の政治学』）。勝機のない選挙に中曽根は過半数割れを覚悟した。

一一月二八日、野党は中曽根内閣に対する不信任決議案を提出、中曽根は衆議院解散に打って出る。「田中判決解散」と呼ばれた。公示日は一二月三日、投開票日は一八日、明の選挙区・岐阜一区は定数五で八人が立候補した。自民党公認は明、武藤嘉文、松野幸泰の前職トリオ、自民党の党員であることを証明する「党籍証明書」を発行された準公認とも言える田中派新人・松田岩夫《まつだいわお》と福田派新人・関谷秋夫《せきやかずお》の二人も出馬するという保守乱立、これに社会党新人・渡辺嘉蔵《わたなべかぞう》、公明党元職・伏屋修治《ふせやしゅうじ》、共産党・箕輪幸代《みのわさちよ》も加わる全国屈指の激戦区となった。

明にとっては「現職閣僚」として迎える初の選挙戦だった。支持者の誰もが当選を信じて疑わず、陣営には楽観ムードが漂っていた。しかし、労働大臣就任以降、それこそ分刻みの職務に追われ、なかなか地元入りが果たせなかった明にとっては、この楽観ムードこそが最大の敵だった。その間、敵陣営から「大野はさっぱり地元へ帰ってこない。東京の人だ」、あるいは「選挙中も銀座で飲み歩いている」といった誹謗中傷やデマまで流されたという。（『うら話・リクルート国会』）

そして迎えた投開票日、明の不安は的中した。開票が進むも、なかなか票が伸びない。支持者たちは選挙事務所で一喜一憂しながらテレビ画面を食い入るように見詰めていた。やがて最後の議席を共産党の箕輪と争う展開となる。

午後一〇時過ぎ、明の落選が決まった。最下位当選の箕輪とは、わずか九六三票差だった。女性運動員たちは、まさかの敗北に抱き合って涙に暮れた。妻・つや子も選挙事務所の片隅で顔を覆い、肩を震わせた。目を真っ赤に腫らした明は、支持者を前に敗戦の弁を述べ、深々と頭を下げ、その上で捲土重来を期すことを明らかにした。

自民党は過半数を六人も下回る惨敗に終わった。そのため、無所属で当選した九人を追加公認し、辛うじて過半数を維持した上、新自由クラブを抱き込み、自民党結成以来、初めての連立政権を発足させるのであった。

この選挙では明に加え、文部大臣の瀬戸山三男《せとやまみつお》と防衛庁長官の谷川和穂《たにかわかずお》も議席を失った。さらに元自治大臣の秋田大助《あきただいすけ》や元外務大臣の小坂善太郎《こさかぜんたろう》、元官房長官の根本龍太郎《ねもとりゅうたろう》と、大物の落選も目立った。

初めての浪人生活

それから四ヵ月後の一九八四（昭和五九）年四月二〇日、明の落選に誰よりもショックを受けていた最愛の母・君子が老衰のため逝去した。九三歳だった。天寿を全うしたとはいえ、明にとっては精神的ダメージが大きかった。

だが、いつまでも落胆の底に埋没しているわけにはいかない。明は心機一転、再起を期し、次なる戦いに向け粛々と準備を進めた。姓名判断により「明」という名前を片仮名の「アキラ」に改め、通称として使用することにし、次男の泰正も勤務していた大手航空会社・全日空（全日本空輸）を退職して、スタッフとして明を支えた。

その頃、明がライフワークとして取り組んでいたのが、イギリス・ケンブリッジ大学附属ボーディングスクール日本校の岐阜県山県郡美山町への誘致活動だった。ケンブリッジ大学と言えば、世界最高峰の名門校で知られる。美山町は明の故郷・谷合村を含む七ヵ村が合併して美山村となり、一九六四（昭和三九）年四月から町制を施行、合併時約一万四〇〇〇人だった人口は約一万五〇〇人にまで減少し、過疎化に悩んでいた。

美山町は、過疎化からの脱却のための起爆剤になるとして、町議会に特別委員会を設置、役場内にも担当部署を設け、一九八八（昭和六三）年四月開校を目標に掲げた。全寮制中高一貫校で、教諭はイギリスから呼び寄せ、日英双方で資金調達し、一九八六（昭和六一）年秋から建設工事に着手するというプランである。この計画を提案したのは明だった。

同大のサー・ジョン総長と知り合いだった美山町出身の大野明元労相から「ケンブリッジ大が日本国内に中、高校を建設する計画を持っている」と同町に打診があった。

突然の申し入れに町側は当初、半信半疑だったが、「誘致の可能性があるならば」と、役場に近い御所野と呼ばれる台地（約三十ヘクタール）を、校舎建設の候補地に選んだ。

（中略）

ケンブリッジ大関係者が視察に訪れ、その後、同大から大野氏のもとに「自然豊かで教育環境に恵まれた美山は用地として理想的」との回答があり、話が具体化したという。

（「日本経済新聞（名古屋版）」一九八六年二月一六日朝刊）


グローバル化が進む中、「国際的視野を持つ人材の育成」は急務である。明が描いていたのは「日本人だけでなく、アジア、ヨーロッパ、そしてケンブリッジの祖国・イギリスの子供たちが同じ条件下で勉強も遊びも一緒に、この日本でやる。そして20年後には、それぞれの国で、それぞれの部署で活躍している」というものだった。（「今月のインタビュー」）

当初は順調だった。だが、なかなか着工開始の目途が立たず、最終的にはバブル経済の崩壊をはじめとする悪因が重なり実現には至らなかった。

明が目指した「国際的視野を持つ人材の育成」は、当時、国レベルでは検討が行われていたものの、地方レベルでは俎上にすら載らない状況にあった。世の中の流れを先取りし過ぎた結果であろう。

福田派に入会

明は徹底した「どぶ板」を展開、昼夜問わず選挙区内を駆け回った。明だけではない。家族もスタッフも歯を食い縛って苦労に堪えた。

一九八六（昭和六一）年三月、明は安倍晋太郎からの誘いを受け、福田赳夫率いる福田派に入会した。水田派解散後、無派閥を通してきた明だったが、浪人生活を通じて「無派閥の悲哀」を感じていた（同右書）。「寄らば大樹の陰」と言うが、政治資金の調達、陳情取り次ぎ、情報収集と、派閥に入るメリットは大きい。

当時、福田派会長代行だった安倍は福田の後継と目されていた。明が労働大臣だった頃、安倍は外務大臣を務め、互いに尊敬し合う仲となっていた。
安倍も三期目を目指した一九六三（昭和三八）年一一月の衆議院議員選挙で、まさかの敗北を喫している。当時、安倍は仲間の国会議員に「落選直後は国会議事堂を見るのがつらかった」と漏らしていたらしい。（『いざや承け継がなん』）
悲嘆に暮れる安倍に対し、義父で元首相の岸信介は「一度は落ちた方が勉強になるんだ」と言って諌めたという（同右書）。実際、安倍にとって浪人生活は人格形成の好機の場となった。やがて、「人が変わった。お世辞の一言もいえないのは従来通りだったが、黙々と人のために尽くす。それを決して口に出さない。本当に大きな人間になった」と評されるようになり、結果、堂々の返り咲きを果たした。（同右書）
明にも驕りがあったのかもしれない。落選中、安倍は明を励まし続けた。腹を割って本音で語り合った。明は「安倍政権近し」を確信、必ずや再起し、安倍をトップに押し上げようと固く心に誓った。（「今月のインタビュー」）
一方、「戦後政治の総決算」をスローガンに首相在任四年目に突入していた中曽根康弘は、この間、数々の成果を収め、内閣支持率も高水準を維持した。現職首相として史上初の韓国への電撃訪問、「ロン・ヤス関係」と称されるアメリカ大統領・レーガンとの信頼関係構築、中曽根が采配を振った東京サミットも大成功を収めた。内政では行財政改革を断行し、電電公社（日本電信電話公社）、専売公社（日本専売公社）を民営化させ、続いて国鉄（日本国有鉄道）分割民営化に向け積極果敢に取り組もうとしていた。

こうした中、中曽根は国鉄改革の断行を前面に掲げ、一九八六（昭和六一）年六月二日に衆議院を解散、七月に予定されていた参議院議員選挙との衆参同日選挙に踏み切る。「死んだふり解散」である。解散が囁かれながらも、五月二二日に衆議院の定数是正（八増七減）が決まって三〇日間の周知期間が設けられたため、衆参同日選挙は日程的に困難と予想され、中曽根も解散断念のポーズを取り続けた。ところが、野党の油断を突いて通常国会が閉幕した翌日に臨時国会を召集し、伝家の宝刀を抜くという荒技を演じたのである。

カムバック

参議院議員選挙は六月一八日、衆議院議員選挙は二一日に公示され、七月六日の投開票日に向け、与野党間で激しい選挙戦が繰り広げられた。明は万全の態勢で挑んだ。断じて負けられない一戦である。

明は序盤から安定した戦いを進めた。しかし、油断大敵である。前回選挙では陣営内に漂っていた楽観ムードが気の緩みを助長し、一敗地に塗《まみ》れた。明陣営は支援団体に対して必死の引き締めを図った。臥薪嘗胆、死物狂いだった。

そんな努力が功を奏し、明はトップで八回目の当選を果たす。

当	大野　明	自由民主党	元	一三〇，七〇七票
当	武藤　嘉文	自由民主党	前	一一〇，五九一票
当	松田　岩夫	無所属	新	一〇七，六五七票
当	松野　幸泰	自由民主党	前	八九，六三二票
当	伏屋　修治	公明党	前	八七，四三七票
	渡辺　嘉蔵	日本社会党	前	七八，二二八票
	簑輪　幸代	日本共産党	前	七六，四八一票

自民党は衆議院で追加公認を加えて五四議席増の三〇四議席、参議院でも一一議席増の七二議席を獲得して大勝した。いずれも保守合同以来の最高議席数で、一九八〇（昭和五五）年六月の衆参同日選挙を超える絶対安定多数となった。こうして中曽根康弘のリーダーシップの下で勝ち取った選挙結果を受け、九月の自民党党大会に代わる両院議員総会において、中曽根の自民党総裁としての任期を一年間延長することが決定された。

明は約二年半ぶりに国会にカムバックした。感慨無量だった。福田派は安倍晋太郎が引き継ぎ安倍派へと移行、「安倍政権近し」と信じる明は、ウオーミングアップのつもりで、当面の間は一兵卒として、ニューリーダー・安倍を陰で支えるべく闇務に注力した。

自民党の大勝利を受け、中曽根は公約に掲げた国鉄分割民営化を実現させる一方、「戦後政治の総決算」として進めてきた行財政改革の集大成として、税制の抜本改革にも取り組んだ（『中曽根康弘』）。年末、自民党税制調査会が所得税・住民税・法人税減税と新型間接税である「売上税」の導入、マル優（少額貯蓄非課税制度）廃止をワンセットにした改革案を提示し、翌年一月、中曽根は、これを引っ提《さ》げ通常国会に臨んだ。しかし、衆参同日選挙の最中に中曽根は大型間接税の導入を否定していたため、与野党問わず「公約違反」との猛反発を招き冒頭から荒れ模様となった。

中曽根は「歴史的宿命」と強弁するも内閣支持率は急落、三月に行われた参議院議員・岩動《いするぎ》道行《みちゆき》の死去に伴う岩手選挙区の補欠選挙では、自民党が擁立した岩動夫人・麗《れい》が、社会党の小川《おがわ》仁一《じんいち》にダブルスコアで敗れた（同右書）。翌月の統一地方選挙でも自民党は大敗、結局、税制改正案は廃案に追い込まれ、「中曽根税制改革」は挫折した。

昭和から平成へ

一〇月三〇日の中曽根康弘の総裁任期満了を控える中、後継争いも本格化していった。名乗りを上げたのは安倍晋太郎、竹下《たけした》登《のぼる》、宮沢《みやざわ》喜一《きいち》の三人で、二階堂進も意欲を見せた。いずれの陣営も熾烈な多数派工作を展開した。

中でも勢いのあったのが竹下で、七月には、田中派の大部分を引き連れて独立、一九八五年二月に田中派内に設けた派中派「創政会」を基盤に最大派閥・竹下派を結成し、総裁選挙に向けた態勢を整えた。同じく田中派の二階堂は出馬に必要な五〇人の推薦人の署名を集めることができず撤退、紆余曲折を経て、残りの三人の中から中曽根の裁定で、次期総裁を指名することとなった。

中曽根が指名したのは竹下だった。その理由については様々な見方があるものの、結局のところ竹下が擁する「数の力」を無視できなかったからであろう（『戦後政治の決算1971～1996』）。こうして一一月六日、竹下内閣が成立した。気配りが持ち味の竹下は、派閥均衡を重視し、宮沢を副総理兼大蔵大臣に据え、安倍を自民党幹事長、宮沢派の伊東正義《いとうまさよし》を総務会長、中曽根派の渡辺美智雄《わたなべみちお》を政調会長に充てた。明は伊東の下で総務副会長に就任、さらに労政通として後に自民党外国人労働者問題特別委員長にも就いた。

竹下内閣にとって最大の政策課題は大型間接税である「消費税」を導入することだった。竹下は中曽根前内閣の轍を踏まないよう得意の根回しによって周到に準備を進めた。明も、地元に帰る度に、その必要性を切々と説いて回った。

ところが、予期せぬ試練が竹下を襲う。リクルート事件である。一九八八（昭和六三）年六月、広告会社・リクルートを創業した江副浩正《えぞえひろまさ》が、子会社である不動産会社・リクルートコスモスの未公開株を政官財界の大物たちに優先的に譲渡していたことが発覚したのである。七月に召集された臨時国会で消費税の導入を柱とする税制改革関連法案が審議入りするも、リクルートスキャンダルの嵐が直撃し、やがて、安倍、中曽根、宮沢、渡辺、そして竹下にまで疑惑の目が向けられていった。

リクルート事件は竹下を窮地に陥らせたものの、一二月九日、宮沢が責任を取って副総理兼大蔵大臣を辞任、二六時間にも及ぶ徹夜国会の末、二四日に税制改革関連法案を可決させた。これを受け、竹下は人心一新を図るべく二七日に内閣改造に踏み切り、三〇日に通常国会を召集、年末年始の自然休会に入った。

そんな中、明に思わぬ重責が回ってきた。自民党内では閣僚級に匹敵すると言われる衆議院予算委員長というポストである。衆参両院に設置されている予算委員会はテレビ中継の機会も多く「花形委員会」と呼ばれ、国民にも馴染みが深い（『図解・日本政治の小百科』）。所管事項は文字通り「予算」だが、予算は国政全般に関わるため取り上げるテーマに制限はなく、時に疑惑追及の場と化すこともある。

リクルート事件がメインのテーマになることは明らかだった。これを取り仕切るのは容易なことではない。党派を超えて人望の厚いベテラン・明への期待と責任は大きかった。

明けて一九八九（昭和六四）年一月七日、日本中が悲しみに暮れた。この日の午前六時三三分、一一一日に及ぶ闘病を続けて来られた昭和天皇が皇居吹上御所にて八七歳、在位六二年一四日間の波乱の生涯を終えられた。

崩御に伴い皇太子明仁《あきひと》親王殿下が新天皇に即位、続いて首相官邸の記者会見場において竹下内閣の官房長官・小渕恵三《おぶちけいぞう》から新元号が発表された。小渕は緊張した表情で、伏せていた白木の額を持ち上げた。そこには墨字で「平成」と書かれてあった。昭和天皇の崩御から八時間後のことである。一〇分ほど前に揮毫したばかりの「平成」の文字は生乾きだったという（『平成改元』）。こうして元号法に基づき翌日、「昭和」から「平成」に改元された。

「リクルート国会」

税制改革関連法案の成立により、竹下登内閣は一時、政権基盤が安定したかに見えた。ところが、内閣改造直後に法務大臣・長谷川峻、経済企画庁長官・原田憲がリクルートからの政治献金問題で相次いで辞任、竹下自身も未公開株以外にリクルートによる多額の資金提供を受けていたことが判明し、政権末期の様相を呈し始めていた。

二月一〇日、通常国会が再開した。リクルート事件の解明、一九八九（平成元）年度予算案を中心に与野党の論戦が始まった。主戦場は衆議院予算委員会である。明は委員長として、その采配を執ることとなった。しかし、与野党の攻防は想像を絶するほど激しいものだった。

第一の関門は新年度予算案である。野党はリクルート事件への関与が取り沙汰されていた中曽根康弘にターゲットを絞り、証人喚問を求めた。中曽根本人だけでなく、側近中の側近で知られる前官房長官の藤波孝生《ふじなみたかお》をはじめ、リクルートスキャンダルの渦中に立つ政治家の面々が中曽根前内閣に集中していたためである。

「リクルート国会」の顛末を綴った小冊子を発行

明は、その顛末を『うら話・リクルート国会　七十二日間の攻防』（大野アキラ事務所）という小冊子に克明に記録している。

中曽根元首相の証人喚問をめぐって与野党が対立、国会は平成元年度の予算成立のメドが立たないまま空転を続けた。

国の予算は通常、三月末までに通すべきものである。そうでないと、地方自治体の予算編成にも影響し、国全体の行政が足踏みすることになる。今年の場合、二月十五日に予算案が提出されたのだが、野党が「中曽根を証人として喚問しなければ審議に応じられない」と審議拒否に出たため、予算案は宙ぶらりんになってしまった。

国会が一日空転すれば一億円ムダになるといわれている。連日、予算委員会理事会を開いて論議を尽し、各党へ持ち帰って検討し、その結果をまた理事会で話し合うという繰り返しだから日にちがかかる。おびただしい国費の浪費である。

予算の金額についての見解の相違なら歩み寄りも簡単だが、野党は中曽根喚問一本にしぼっているから、これを拒否している与党とはどこまで行っても平行線だ。とりわけ中曽根派では「リクルート事件は捜査が進行中だから、今の段階で国会が中曽根を喚問することは不当、不見識」という派閥見解を出して譲らない。私は野党側に「中曽根がクロなら証人喚問もいいが、シロだったらどうする。灰色というだけで喚問するのが前例になって

は困る」と説得したが、野党各党は党議で決めているから耳を貸さない。（中略）
時間はどんどんたっていく。予算案の審議もできず、国政は停滞したままである。竹下首相がアセアン（東南アジア諸国連合）歴訪に出発する四月二十九日が迫っていた。
一国の首相が予算を通せないまま外国を訪問したのでは国際信用にかかわる。経済協力を約束しても信用されないだろう。私は竹下首相を丸腰で送り出すことはしのびなかった。とにかく予算を仕上げることが急務である。私はひそかに四月十二日の委員会で予算審議をするハラを決めた。中曽根喚問が先決と主張する野党は当然猛烈に反発した。しかし、ここでひるむわけにはまいらない。中央突破あるのみだ。
十二日午後一時、私は職権で委員会開会を宣言した。野党側委員は全員欠席。自民党委員三十三人だけの単独審議である。二議員が質問に立ち、約一時間半で審議を終了した。閉会直後、野党各党の委員が委員会室へなだれ込み、私を取り囲んだ。口々に「中曽根喚問に応じずに自民だけで勝手に審議したのは許せない。リクルート隠しだ」と、きびしく抗議した。（中略）
平成元年度予算が委員会で可決されたのは四月二十七日である。この日も野党側委員は欠席。自民党だけで単独採決した。午前十時二十分、私の開会宣言と同時に質疑打ち切り動議が出され、討論を省略、全員起立で原案通り可決。二十二分散会した。この間わずか二分間。二月十五日に予算案が提案されてから七十二日目。新国会では最長記録である。

（中略）

この日、午前九時、私は自民党の各委員に「きょう可決するが、野党にもれると収拾がつかなくなる」と、きびしくカン口令をしいた。

あとで党幹部も「連絡がないので、可決しても夕方になると思っていた」と話していた。同僚議員からは「大野さんは強行打者だが、スクイズもうまい」と妙なほめられ方をした。ふだんは野党の委員とも腹を割って話しているが、政治の混乱を回復するために、ときには権謀術策が必要なこともある。委員会可決はタイムリミットを目前にした私の決断であった。（『うら話・リクルート国会』）

内閣支持率が軒並み一〇％を割り込む中、竹下は四月一日にスタートした税率三％の消費税の導入を見届けたかのように、二五日、混迷政治の責任を負って退陣を表明したが、ＡＳＥＡ

N歴訪は予定通り行うことになっていた。出発日前日の二八日、衆議院本会議において、委員長の明から予算委員会における審査の経過と結果が報告され、ようやく新年度予算案が通過した。明は「衆議院も通過させるというのが至上課題だった。参議院へ送付してから一ヵ月後には予算は自然成立する。日程を逆算した、ぎりぎりの綱渡りだったが、私はホッと胸をなでおろした」と回想している。（同右書）

明の前には第二の関門が立ちはだかっていた。予算委員会での中曽根の証人喚問である。当初、証人喚問を拒否する態度を示していた中曽根だったが、竹下が辞意を固めたことをきっかけに軟化を余儀なくされ、証人喚問に応じる運びとなった。

五月二五日の証人喚問では冒頭、委員長の明が予算委員会を代表して中曽根に尋問を行った。この中で中曽根は「私の内閣の責任者でありましたときにこのような不祥事件がありまして、まことにざんきにたえない次第でございます。特に政治不信を起こしましたり、あるいは国政の停滞を起こしましたり、甚だ申しわけない次第であると、心からおわび申し上げる次第でございます」と謝罪し、この証人喚問を「私に対するけじめであり、またみそぎである」とした。

中曽根は何とか証人喚問を切り抜けた。野党にとっては自民党を追い落とすチャンスだった。だが、明は「野党側の勉強不足、材料不足から追及に迫力を欠き、中曽根証人を攻めあぐねていた」と指摘している。（同右書）

当時、明の一日の睡眠時間は二、三時間程度だった。しかし、知力と体力を全て出し切り、見事に大役を果たした明にとっては、まるでフルマラソンを完走したかのような達成感と満足感でいっぱいだったという。

再入閣果たす

竹下登の後継には、竹下内閣の外務大臣で、リクルート事件との関わりが薄かった宇野宗佑《うのそうすけ》が就任した。自民党では派閥領袖以外が首相になるのは初めてのことだった。

宇野内閣は六月三日に「改革前進内閣」と銘打ってスタート、明は自民党経済・物価問題調査会長として党務に専念することとなった。ところが、七月の参議院議員選挙での大敗により、宇野内閣は六九日間の短命に終わる。この時、土井たか子率いる社会党が「マドンナ旋風」を巻き起こし、与野党逆転を果たすほどの躍進を遂げた。
宇野の後任を決める自民党総裁選挙には石原《いしはら》慎太郎《しんたろう》、海部《かいふ》俊樹《としき》、林義郎《はやしよしろう》の三人が立候補、竹下派と河本派が支援した海部が勝利した。首班指名では、衆議院においては海部、参議院においては社会党の土井が指名を受けたが、衆議院の優越により海部が選ばれ、八月一〇日、新たに海部内閣が誕生した。「三木武夫の秘蔵っ子」としてクリーンなイメージを持たれていた海部はリクルート事件の反省を踏まえ、政治改革を最大の使命とした。（『自民党総裁選』）
明も新たな要職に就くこととなった。今度は自民党の財政運営の要である財務委員長である。参議院議員選挙が終わったばかりで、しかも衆議院解散が間近と噂される中、選挙資金の調達という重要な任務を引き受けることになった明は、財界依存から脱却し、広く国民一般からのカンパを集めるという形に転換を図るべく検討を開始した。
そうこうしているうちに、一九九〇（平成二）年一月二四日に衆議院が解散し、二月三日に公示、一八日の投開票日に向けた戦いがスタートした。選挙戦では消費税の導入是非が盛んに喧伝され、序盤は自民党に逆風が吹き荒れていた。ところが、終盤になって一気に盛り返し、結果、予想に反して自民党は過半数を優に超える二七五議席を獲得、明も九回目の当選を果たした。

二ヵ月前、第二次世界大戦後のアメリカを盟主とする西側陣営（資本主義・自由主義陣営）と、ソ連を盟主とする東側陣営（社会主義・共産主義陣営）との冷戦を象徴する「ベルリンの壁」が崩壊した。一年後には分断されていた西ドイツと東ドイツが再統一、間もなくソ連までもが崩壊する。西側陣営の勝利であった。

西側陣営寄りの自民党と東側陣営寄りの社会党の五五年体制は実質的に「国内版」の冷戦構造だった。こうした国際社会の変化を受けて、「資本主義と社会主義の体制の選択」を訴えたことを海部は勝因に挙げている。（『海部俊樹回想録』）

選挙後の二八日、難航の末、第二次海部内閣が発足した。組閣作業でネックとなったのがロッキード事件で有罪判決を受けた渡辺派の佐藤孝行の入閣問題だった。難色を示す海部に対して渡辺派が反発、全面対決の様相を呈した。結局、渡辺派が折れ、佐藤の入閣見送りの形で、二七日午後一〇時五〇分に決着し、ようやく首相官邸に組閣本部が設けられ、閣僚名簿の発表は翌日午前零時五〇分という深夜の船出となった。

明は運輸大臣として再入閣した。衆議院第二議員会館四一六号室の自室に首相官邸からの呼び込みの電話があったのは、組閣の模様を伝えるテレビ番組を眺めている時だった。吉報を待っていた支持者たちの万歳が飛び交う。

岐阜の地元事務所でも、官房長官の坂本三十次《さかもとみそじ》が「運輸大臣、大野明」と閣僚名簿を読み上げると、拍手と歓声が起こり、集った支持者たちは鏡割りで再入閣を祝った。同じ岐阜一区からは武藤嘉文も通産大臣として再入閣、地元の人々は二重の喜びに沸いた。

明は所属期間こそ短いものの安倍派の中では大ベテランである。かつて、衆議院運輸委員長を務めたこともあって、その手腕が期待された。皇居での認証式は組閣の遅れから朝に持ち越され、午前一一時過ぎから初閣議が開かれた。

内閣総理大臣　海部俊樹
法務大臣　長谷川信
外務大臣　中山太郎
大蔵大臣　橋本龍太郎
文部大臣　保利耕輔
建設大臣　綿貫民輔
自治大臣兼国家公安委員長　奥田敬和
内閣官房長官　坂本三十次
総務庁長官　塩崎潤
北海道開発庁長官兼沖縄開発庁長官　砂田重民

厚生大臣　津島雄二
農林水産大臣　山本富雄
通商産業大臣　武藤嘉文
運輸大臣　大野明
郵政大臣　深谷隆司
労働大臣　塚原俊平

防衛庁長官　石川要三
経済企画庁長官　相沢英之
科学技術庁長官　大島友治
環境庁長官　北川石松
国土庁長官　佐藤守良

明を傍らで支える政務担当秘書官には、労働大臣の時にも政務担当秘書官を務めた小島嵺が就き、その後、次男・泰正に交代した。明は泰正を自分の近くに置いて見習い修行をさせ、自らの後継として育てたいと考えていたようである。

事務担当秘書官に就任したのは運輸省の鈴木《すずき》久泰《ひさやす》だった。鈴木は後に国土交通省航空局長として羽田空港第四滑走路の着工や静岡空港、茨城空港の開港に携わり、二〇〇九（平成二一）年七月から三年間、海上保安庁長官を務めた。

新世紀を見据えた運輸行政

「私たちの子孫が、日本に生まれてよかったと思えるような、運輸省所管の社会資本の充実を進めていこう」（「未来を築く交通運輸を考える」）

二一世紀を目前に控える中、運輸行政を進めるに当たって明は、こう決意した。運輸省が所管する事項を扱う衆参両院に設けられた運輸委員会において、明が運輸大臣就任後初めての挨拶に立ったのは四月一七日のことだった。

このたび、第二次海部内閣の発足に際して運輸大臣を拝命いたしました大野明でございます。まことに浅学非才でございますが、何とぞよろしくお願いいたします。

私は、運輸は国民生活と密着しており、豊かで活力ある社会を築き上げていくために期待される役割はまことに大きいものがあると考えております。

運輸行政の基本であります安全の確保に万全を期しつつ、運輸をめぐる多くの課題に積

海上保安大学校を訪問

極的に取り組み、問題の解決に最大限の努力をいたす所存でありますので、本委員会の先生方の絶大なる御支援と御指導をお願い申し上げ、まずは就任のごあいさつといたします。

続いて明は、運輸行政の基本施策として第一に「交通網の整備等を通じた均衡のとれた国土づくり」、第二に「経済社会の変化に対応した運輸産業の基盤の強化と活性化」、第三に「国際社会への貢献」、第四に「安全で良好な生活環境の確保」を挙げ、最後に「長期的展望に立ちつつ、各課題の解決に向けて積極果敢に取り組んでまいる所存であります」と述べた。明の運輸大臣在職期間は一年にも満たなかったが、それでも数々の成果を残している。

長年の懸案だった東北（盛岡駅—青森駅間）、九州（八代駅—西鹿児島駅間）、北陸（軽井沢駅—長野駅間）の整備新幹線三線の同時着工、鉄道整備資金を一元的に管理・運用するための「鉄道整備基金」の創設は、明の努力によるところが大きい。さらに、成田空港の第二期工事、羽田空港の沖合展開、関西国際空港の建設という三大プロジェクトを目玉とする「第六次空港整備五ヵ年計画」の基本方針の策定にも取り組んだ。

中でも明が強力に推し進めたのが岐阜、愛知、三重の東海三県が熱望する中部国際空港の建設だった。明は地元の期待に応えるべく東奔西走した。その結果、退任直前の一二月二四日に内示された翌年度予算の大蔵省原案で、中部国際空港調査費約一〇〇〇万円が初めて計上された。「国が大プロジェクトに取り組む際、大蔵省は最初から事業費を組むことはない。まずは、その事業がうまく進むかどうかを探るために一千万円程度の調査費を計上するのが慣例」であり、「調査費すら計上されない場合、そのプロジェクトは国の事業としては日の目を見ない」ため、これは実に画期的なことで、二一世紀の中部地域における「空の足」の確保に向けての大きな一歩となった。（『中部国際空港物語』）

一九八九（平成元）年一一月の日米航空交渉で新設が決まった日本（成田発着）―アメリカ間三路線の航空会社への割り当てでも、明は、その実力を遺憾なく発揮した。日航（日本航空）はマウイ線（ハワイ）とワシントン線、全日空はホノルル線とニューヨーク線、日本エアシステムはホノルル線を要求、このうち、日本エアシステムは早々とホノルル線の獲得が内定したものの、残る二路線に関しては、平等配分を主張する日航と、競争促進を盾に二路線を求める全日空との間で激しい鍔《つば》迫《ぜ》り合いが演じられていた。

ナショナル・フラッグ・キャリアの意地を賭けた日航と、国際線拡大に意欲を燃やす全日空との戦いは激しさを増すばかり。そこで明は航空行政を司る責任者として公平性を重んじ、日航にワシントン線、全日空にニューヨーク線、日本エアシステムにホノルル線を割り当てる決定を下す。不満を口にする全日空を明は厳に戒め、最後は穏便に処理した。

一方、八月二日、世界を揺るがす大事件が発生する。湾岸戦争の発端となったフセイン率いるイラクによるクウェート侵攻である。

これを受け、国連安全保障理事会はイラクに即時無条件撤退を求める決議を全会一致で採択し、アメリカ主体で多国籍軍が編成された。日本は、国連安全保障理事会に先んじて石油輸入の禁止を盛り込んだ経済制裁措置を講ずることを決定、さらに、緊迫する中東地域の平和と秩序の回復に向け、輸送・物資・医療・資金協力から成る日本の具体的貢献策を打ち出した。明も運輸大臣として、中東地域へ水、食料、医薬品といった非軍需物資を輸送するため、日航、全日空、ＮＣＡ（日本貨物航空）と日本船主協会に、貨物輸送用の航空機、船舶調達への協力を要請した。

だが、非軍事物資とはいえ、中東地域に航空機を派遣するとなれば、離発着時に敵機と見なされイラクから攻撃を受ける危険性がある。しかも、イラクには日航の社員・家族を含む二三人の在留邦人が軟禁されていた。船舶にしても、展開次第では紛争に巻き込まれ、犠牲者や被害を受ける可能性も十分にあった。明は矢面に立って交渉を続け、最終的に運航と在留邦人の安全確保に最大限努力することを条件に説得し、妥結を図った。

他方、海部内閣では、アメリカからの掃海艇と補給艦の派遣要請を受け、その実行可能性について協議を開始した。しかし、海部は「我が国には平和憲法がある。武力による威嚇や武力行使からは離れたところで、西側諸国の一員として、また日米同盟の同盟国として、するべきことと、できることを実行していくしかない」と判断、自衛隊の派遣を見送り、多国籍軍への資金協力を行うこととなった。(『政治とカネ』)
ところが、資金協力に特化した日本の対応に世界中から「小切手外交」との批判が出始める。そこで、海部内閣は自衛隊の派遣を可能とする国連平和協力法案の策定に着手した。しかし、急ごしらえで作った法案がやすやすと成立するはずもない。しかも、自民党は参議院で過半数割れの状態にある。結局、採決を断念、廃案となった。ただ、廃案にはなったものの、「国際貢献」に前向きな公明党、民社党との間で三党合意を図り、新たな法律を作るための協議を進めていった。

選挙制度改革

一二月二九日、内閣改造に伴い明は運輸大臣を退任した。それから約三週間後の一九九一(平成三)年一月一七日、フセインがクウェートからの撤退に応じなかったため、アメリカを主力とする多国籍軍がイラクを空爆、湾岸戦争が始まった。二月二四日には地上戦に突入、これにより二八日、イラクは撤退し、戦争は終結する。

結局、日本による多国籍軍への資金協力は一三〇億ドルにも上った。国民一人一万円以上を拠出したことになる。だが、その評価は極めて低かった。戦いが終わった後、クウェートがアメリカの「ワシントン・ポスト」や「ニューヨーク・タイムズ」に載せた協力国への謝意を伝える広告にも日本の名前はなかった。これは日本にとって大きなトラウマとなった。「日本は金を出すだけで、自らの血を流さない卑怯な国」と見なされてしまったのである。（同右書）

そこで日本は、停戦後、当時の自衛隊法を根拠にペルシャ湾の機雷除去、その処理を行うため掃海艇を送った。自衛隊初の本格的な海外任務だった。そして九月、海部内閣は新たにＰＫＯ（国連平和維持活動）への自衛隊の参加を可能にするためＰＫＯ協力法案を臨時国会に提出する。これは、海部内閣の下では実現せず、宮沢喜一内閣に引き継がれ、社会党と共産党の牛歩戦術による徹底抗戦を受けながらも、公明党、民社党の協力を得て可決、成立した。

そんな中、入退院を繰り返しながらも、海部後継の本命と言われていた安倍晋太郎が五月一五日に、肝不全のため志半ばで泉下に没する。「安倍政権近し」を信じてきた明にとっても、そのショックは大きかった。

これにより安倍派は後継会長ポスト争奪戦が始まる。安倍派事務総長の三塚《みつづか》博《ひろし》と自民党政調会長の加藤六月《かとうむつき》による「三六戦争」である。激しい抗争の末、三塚に軍配が上がり、安倍派は三塚派として再出発することとなった。明は三塚派事務総長に就任、三六戦争後の派内融和に努めた。加藤は後に三塚派から離脱、加藤グループを旗揚げし、三六戦争は一応の決着を見る。

その頃、バブル経済の崩壊による株価急落で大手証券会社の大口顧客に対する損失補塡、暴力団との関わりといった不祥事の多発が大きな社会問題となっていた。これを受け、国会でも真相究明や再発防止に向けた法改正を行うため、衆参両院に「証券及び金融問題に関する特別委員会」が設置され、明は衆議院側の委員長となった。運輸大臣の激務から解放された明だったが、相変わらず多忙な日々が続いた。

八月、政治改革に執念を燃やす海部内閣は、第八次選挙制度審議会の答申を受けて、政治改革関連三法案を臨時国会に提出した。ポイントは衆議院議員選挙への小選挙区比例代表並立制の導入だった。しかし、これには自民党内からも厳しい批判が相次ぎ廃案に追い込まれる。海部は衆議院解散をにおわせながら抵抗を試みたものの、後ろ盾であるはずの竹下派にも見放され、自民党総裁としての任期満了をもって退陣することとなった。

一〇月、海部後継を決める総裁選挙には、三塚、竹下派が支持する宮沢、中曽根派を引き継いだ渡辺美智雄が立候補した。明は三塚派事務総長として三塚陣営の選挙運動を取り仕切った。選挙戦は当初から竹下派が推す宮沢の圧勝が予想された。三塚にとっては玉砕覚悟の出馬である。しかも、三塚派は三六戦争の後遺症もあって一致結束とはならず、宮沢、渡辺に次ぐ第三位に終わった。

宮沢内閣成立後、明は自民党選挙制度調査会長に就いた。選挙制度改革は政治改革の柱である。中選挙区制は同じ政党から複数の候補者が出馬するため同士討ちとなり、政策度外視の有権者に対するサービス合戦が繰り広げられ、結果、莫大な選挙費用を要する。一方の小選挙区制は選挙区が狭いため選挙費用が抑えられ、個人本位ではなく政党・政策本位の選挙が実現できる。ただし、小選挙区制は当選者が一人のため大政党にとっては有利だが、中小政党には不利に作用し、有権者の選択肢を狭めることにもなる。そこで明は小選挙区制を前提とせず、様々な角度からの検討を進めた。

在職二五年

一九九二（平成四）年四月三日、明は議員在職二五年の永年在職表彰を受けるため、モーニングコート着用で、正午から開かれる衆議院本会議に出席した。永年在職表彰は、衆議院議員の場合、任期は四年であっても、途中で解散があるため、当選八〜九回で二五年に到達する。一期六年の参議院議員も同じく二五年だが、四期二四年を経れば表彰が受けられ、衆議院から参議院、参議院から衆議院へ鞍替えした場合でも合算して二五年を超えれば、その対象になる。一九五九（昭和三四）年一月の父・伴睦に続く親子での永年在職表彰である。感慨も一入《ひとしお》だった。演壇に立った明は次のように挨拶した。

本日、院議をもって永年在職議員表彰の御決議を賜り、身に余る光栄と、心より感謝申し上げます。

これもひとえに先輩同僚議員各位の御指導、御鞭撻はもとより、郷土岐阜県の皆様方の多年にわたる御支援、御厚情のたまものと衷心より厚く御礼を申し上げます。

私が本院に議席を得ましたのは、昭和三十九年十二月でございました。第一次佐藤内閣が発足してちょうど五十日目に当たる日であったことを、今日なお鮮明に記憶をいたしております。

顧みますと、昭和三十九年は、十月一日に、我が国の優秀な科学技術により、東京―大阪間を三時間で結ぶ世界一速い新幹線の開業を見ると同時に、十月十日からは、アジア地区において初の国際オリンピック大会が東京で開催された意義深い年でありました。この感激と喜びを契機として、真の自由と平和と民主主義を基調とし、国際社会への飛躍とともにその責務を果たす先進国の一員として自他ともに認め得る国家としての歩みが、国民ともども機運が急速に高まってきたときでありました。

翌四十年八月、佐藤総理が戦後総理大臣として初めて沖縄を訪問し、返還への道を開き、また十二月には、懸案の日韓条約の批准を果たす等積極的な外交を展開し、国際社会への対応を世界の国々に、また国民に対し、国の将来への指針を示した画期的な時代でありました。

内政面においては、経済の高度成長期であり、国民総生産の向上に伴う国民所得の増大が消費の拡大につながり、豊かさの一端を有することができた反面、消費は美徳という不自然な倫理観が世間の通り相場でもありました。その後、ドルショック、あるいは二度にわたるオイルショック等、かって我々が経験したことのない事態に見舞われましたが、国民の英知と努力、冷静な政治的判断により安定成長へと方向を転換したことが、今日なお世界一の経済力を有する国家として世界に貢献できる基礎を築いたのであります。

このような政治経済の大きな変革期に国家国民の将来の発展に遺漏なき政策を遂行する国政に参画することができ、政治家としての喜びと同時に、その責任の大きさを自覚し、誠心誠意政治活動を行ってまいりました。

私は、政治の原点は「思いやり」であると信じております。すなわち、何事に対しても真の愛情を注ぐことであろうと思います。例えば今日的課題である地球環境問題も、物言わぬ地球を支配している人類が地球に対して優しい思いやりをもっと早く考えるべきではなかったか、残念ながら今やっとわかり始めたと言っても過言ではありません。何事も常に相手の立場に立った物の考え方こそ大切であり、このことが自由と平和と民主主義の議会制の原点であると考えます。

このような信念のもと、このたびの親子二代にわたる栄誉を汚すことなく、新たな決意を持ってさらに努力することをお誓い申し上げ、御礼の言葉といたします。ありがとうございました。

夫婦水入らずの時間を過ごす明とつや子

途中、何度も拍手が起こる。初当選以来、まるで自分のことのように支え続けてきてくれた地元・岐阜の支援者、そして家族の顔が走馬灯のように明の脳裏に浮かんだという。

保守乱立で議席失う

八月、リクルート事件に続いて今度は東京佐川急便による自民党副総裁・金丸信《かねまるしん》への五億円の不正献金が発覚した。金丸は政治資金規正法違反で略式起訴され、罰金二〇万円の処分を受けるも、刑罰の軽さに世間が猛反発し、一〇月に議員辞職、党内最大派閥・竹下派会長も辞任し、後に脱税容疑で逮捕される。これによって、さらに政治改革に向けた機運が高まっていった。

金丸失脚により竹下派では後継会長選びで、小渕恵三を推すグループと、これに反対する羽田孜《はたつとむ》・小沢一郎《おざわいちろう》のグループとの内紛が勃発した。この戦いは小渕が勝利し、竹下派が小渕派に鞍替えしたことにより、羽田・小沢のグループは離脱、政治改革の推進を掲げ「改革フォーラム21」を旗揚げした。（『自民党政治の変容』）

一九九三（平成五）年三月、自民党は小選挙区制の導入を盛り込んだ公職選挙法改正案を含む政治改革関連四法案を党議決定し、四月の通常国会に提出した。だが、依然として自民党内では幹事長の梶山静六《かじやませいろく》を中心に小選挙区制への反対論が根強く、首相・宮沢喜一は党内情勢を考慮し、政治改革関連四法案の成立を先送りする意向を固める。

これに対し、六月一八日、社会党、公明党、民社党の三党が宮沢内閣への内閣不信任決議案を提出、改革フォーラム21の三四人を中心に自民党内から三九人が造反、賛成に回り、さらに、一六人が意図的に欠席した結果、可決され、宮沢は衆議院解散に踏み切った。衆議院議員選挙の公示日は七月四日、投開票日は一八日に決まる。解散後、自民党からの離党者が相次ぎ、羽田や小沢は新生党を、武村正義《たけむらまさよし》たちは新党さきがけを結成した。（同右書）

この新生党、新党さきがけ、さらに一九九二（平成四）年五月に前熊本県知事の細川護熙《ほそかわもりひろ》が立ち上げ、その年の七月に行われた参議院議員選挙で議席を獲得していた日本新党が「新党ブーム」を巻き起こす中、明も一〇期目を目指し、選挙戦に挑んだ。岐阜一区からは明以外に自民党から前職の武藤嘉文、元県議会議員で新人の野田聖子《のだせいこ》が、さらに自民党を離れて新生党に移った松田岩夫、保守系無所属新人・棚橋泰文《たなはしやすふみ》も母方の祖父・松野幸泰の後継として出馬し、社会党、公明党、共産党、さらには若手無所属新人も加わり大混戦となった。

明は滑り出しから苦しい戦いを強いられた。新党ブームへの追い風に加え、大型新人の台頭によって長年にわたって築き上げた地盤が徐々に切り崩されていった。

それでも明は最後の最後まで当選を信じ、選挙区内を精力的に回った。選挙戦最終日は岐阜市内に入り、打ち上げでは、雨の中を「必勝」と書かれた鉢巻きを締めた支持者、青色の傘を手にする女性運動員と一緒に若宮町通りを練り歩き、最後の訴えに声を枯らした。

そして迎えた投開票日、自民党は二二三議席と過半数を大きく割り込む大敗を喫し、長らく自民党に続く一大勢力を誇ってきた社会党も惨敗する一方で、新党は大躍進を果たした。接戦が演じられた岐阜一区にも激震が走る。終盤で巻き返しを図った明だったが、保守乱立の煽りを受け、惜しくも次点で議席を失う結果となった。

参議院へ鞍替え

選挙後、どの政党も過半数に達していないことから、連立政権を模索する動きが加速する。キーマンは新生党代表幹事の小沢一郎であった。小沢は日本新党の細川護熙を首班に立て、水面下で他の野党との交渉を進め、八月九日、社会党、新生党、公明党、日本新党、民社党、新党さきがけ、社民連（社会民主連合）、民改連（民主改革連合）の八党派による細川内閣を発足させる。自民党は結成以来、三八年目にして初めて野党に転落するという屈辱を味わうこととなった。

清新なイメージを持つ細川内閣の誕生を国民は歓迎した。発足直後の内閣支持率も六三％という高い数字に達した。（『政界再編の研究』）
細川は政治改革を至上命題に掲げた。九月、細川内閣は中選挙区制から小選挙区比例代表並立制への変更を目玉とする政治改革関連四法案を臨時国会に提出した。しかし、与野党間の調整は難航、一一月一八日の衆議院本会議における採決では可決されたものの、翌年一月二一日の参議院本会議では否決されてしまう。そこで二九日夜、難局打開を図るため、細川と自民党総裁・河野洋平とが直接会談を行い、自民党の主張を受け入れる形での法案修正に合意し、翌日、政治改革関連四法案が成立、小選挙区比例代表並立制が導入されることとなった。（『連立政権回り舞台』）
東京佐川急便からの一億円借り入れ疑惑の責任を取って細川内閣が退陣すると、新たに羽田孜内閣が成立した。ところが、与党第一党・社会党の影響力低下を目論む小沢が主導して、社会党抜きで衆議院の統一会派「改新」を結成したため、社会党が連立政権から離脱、新党さきがけも反発し閣外協力に転じたことで、羽田内閣は少数与党内閣となり、わずか二ヵ月足らずで潰れた。
自民党にとっては好機到来である。六月三〇日の首班指名で自民党は新党さきがけを抱き込んで、長年のライバルであった社会党とも手を握り、委員長の村山富市《むらやまとみいち》を担ぎ出すという奇策に打って出た。「それまでの常識では自社の連立内閣は考えにくいもの」だった（『自由民主党のあゆみ』）。小沢たちは、村山に対抗して自民党を離党した元首相の海部俊樹を擁立、自民党からも社会党からも造反者が出たものの、村山が勝利し、自社さ連立政権が発足した。

明も政界再編の流れの中、一日も早い国政復帰を目指して政治活動を再開した。こうした中、小選挙区制への移行に伴う岐阜の選挙区の区割りと自民党の公認候補内定者が決定する。岐阜は、これまでの二つの選挙区が五つの小選挙区に分割された。

一区が野田聖子、二区は前回選挙に保守系無所属で出馬した棚橋泰文、三区が武藤嘉文、四区には藤井孝男と金子一義《かねこかずよし》が小選挙区と比例代表（東海ブロック）に交互に立候補するコスタリカ方式を採用し、五区は古屋圭司《ふるやけいじ》となった。明は参議院への鞍替えを決断する。岐阜選挙区は定数が一から二に増員されることもあって、当選の可能性は十分にあった。

参議院は衆議院の行き過ぎを抑え、チェックする機能を有する。議員任期は六年で解散もないため、中長期的な政策課題に取り組むことができる。「良識の府」と呼ばれる所以である。したがって、経験豊富でバランスの取れた判断力を持つ明のキャリアなら参議院が相応しい。

参議院議員選挙を一年後に控えた七月五日、明の自民党公認が正式に決まった。

一方、自社さ連立政権の誕生により下野した旧連立与党は、次期衆議院議員選挙から施行される小選挙区比例代表並立制への対応に苦慮した。当選者一人の小選挙区制の下で自民党に勝つには、野党が大同団結を図る以外に方法はない。そこで一二月一〇日、新生党や公明党、日本新党、民社党といった旧連立与党を中心に海部を党首に新進党を結成し、自社さ連立政権に対峙した。（同右書）

戦後五〇年に当たる一九九五（平成七）年は、一月一七日の阪神・淡路大震災で幕を開けた。三月二〇日にはオウム真理教による地下鉄サリン事件が発生、村山内閣は相次ぐ危機への対応に忙殺された。加えて、四月の統一地方選では無党派層の支持を受け、東京都で青島《あおしま》幸《ゆき》男《お》、大阪府で横山《よこやま》ノックという「タレント知事」が誕生し、既成政党を激しく揺さぶった。

こうして七月六日、自社さ連立政権への信任を問う参議院議員選挙の公示日を迎えた。明の勝利に向け自民党岐阜県連は一丸となって戦いに臨んだ。投開票日は二三日である。高い知名度を誇る明は序盤からリードを保った。岐阜県連は自民党の地域・職域支部、支持団体の引き締め強化に奔走し、明も県内全域で街頭演説やミニ集会を重ね、票固めに全力を挙げた。結果、明は見事、トップで初当選を飾った。

当　大野　明　自由民主党　新　三四〇，五六七票
当　平田　健二　新進党　新　二六二，二三六票
岩崎　昭弥　日本社会党　現　一八七，三七三票
山本　博幸　日本共産党　新　五七，一三三票

だが、全体としては社会党が過去最少の二〇議席を下回る一六議席、自民党も四六議席と伸び悩み、三議席を得た新党さきがけを含めた連立与党の合計議席は六五議席で、非改選を合わせて何とか過半数を確保したものの、比例区では新進党が一八議席を獲得し、自民党を抑え第一党となった。自民党が比例区で第一党の座を失ったのは、一九八九年（平成元）七月の参議院議員選挙で社会党に敗れて以来のことだった。

六七年の生涯に幕

一九九六（平成八）年一月五日、首相・村山富市が首相官邸で記者会見を行い、「新しい年に人心を一新して、景気の足取りを確かなものにし、内外の諸問題に取り組んでもらいたいと決意した」として退陣を表明した（『戦後政治の決算1971～1996』）。これを受け、自民党、社会党、新党さきがけの連立与党は、後継に自民党総裁の橋本《はしもと》龍《りゅう》太《た》郎《ろう》を推すことで一致し、一一日、橋本内閣が発足、自民党は二年五ヵ月ぶりに首相の座を取り戻した。この直後、社会党は「社会民主党」と党名変更し、初代党首に就任した村山は党務に専念することとなった。

橋本内閣にとって当面の政治課題は、村山内閣以来の懸案となっていた住専（住宅金融専門会社）処理問題だった。住専は個人向け住宅ローンを扱うノンバンクの一種で、一九七一（昭和四六）年六月に誕生した日本住宅金融を皮切りに、銀行をはじめとする金融機関が共同出資して八社を設立した。ところが、杜撰な不動産融資に手を染めたため、その反動で巨額の不良債権を作り、バブル経済の崩壊で七社が経営破綻した。

このままでは金融システムがパニックに陥り、日本経済への打撃は計り知れない（『自由民主党のあゆみ』)。そんな中で急浮上したのが不良債権の穴埋めに六八五〇億円もの公的資金を投入するという案だった。だが、住専という民間会社の破綻処理に血税を使うことに国民は強く反発、与野党全面対決の「住専国会」がスタートした。

参議院議員となって初めての新年を迎えた明は、暮れに検査入院、不整脈が出たため、自宅で静かな年末年始を過ごした。ただ、身体は至って健康で、正月明けからは所属する参議院建設委員会にも出席し、その傍ら、政策担当秘書の山下学《やましたまなぶ》の手を借りながら、新著の執筆に向けた資料集めにも取り組んだ。

かつて世界有数の海運国として知られた日本だったが、円高への転機となった一九八五(昭和六〇)年九月のプラザ合意以来、維持・運航コストの高さが原因で、国際航路における日本籍船が減少し、それに比例して日本人船員の数も減り続けていた。これに危機感を覚えた明は、著作を通じて、この状況を広く国民に訴えようと考えたのである。

二月四日、そんな明に突然、不幸が襲う。その日、明は午前中に散髪、午後からは妻・つや子を同伴して友人と交代でハンドルを握りながらドライブを楽しんでいた。横浜中華街で夕食を取り、その後、新横浜プリンスホテルで別の知人と歓談した明は終始、上機嫌で笑顔を絶やさなかったという。

午後九時三〇分頃だった。ホテルを出発して自宅に帰る途中、突然、胸の苦しみを訴え出したのである。すぐに救急車を呼び、近くの横浜労災病院に運ばれるも、間もなく明は意識を失う。

明の急を知らせる一報は、五日午前零時過ぎ、入院先から家族や政策担当秘書の山下に届いた。山下から連絡を受けた「もっちゃん」こと公設第二秘書の柳沼由子《やぎぬまよしこ》も東京・保谷《ほうや》の自宅からタクシーに飛び乗り病院へと向かった。

柳沼は明が労働政務次官在任中に私設秘書として採用されて以来、四半世紀もの長きにわたり明に仕えてきたベテランである。旧姓・望月にちなんで明の家族たちからは「もっちゃん」と呼ばれ慕われていた。

病院に到着後、玄関先にいた当直医に明の部屋番号を尋ねると、地下に行くよう案内された。なぜ地下なのか。普通、地下に病室はないはずである。

一瞬、戸惑った柳沼だったが、すぐに明の居場所が分かった。霊安室である。小走りで向かうと、そこには物言わぬ明が横たわっていた。治療の甲斐なく午前二時六分、心不全のため

明の遺影

六七年の生涯に幕を閉じた。
柳沼は、その場に座り込み泣き崩れた。なかなか現実を受け止めることができなかった。つや子は「もっちゃん」と言いながら、そっと柳沼の肩を自分の胸に抱き寄せた。気丈な振る舞いを見せていたつや子だったが、そのショックは誰よりも大きかった。

それから間もなくして、つや子は一人、トイレに向かった。なかなか戻ってこないつや子を心配して柳沼が様子を見に行くと、個室から嗚咽が聞こえてきたという。

明け方、岐阜から次男の泰正が自らハンドルを握って病院へやってきた。だが、悲しんでいる暇はなかった。死後の事務手続きから明の後任を決める補欠選挙まで、遺族でもあり公設第一秘書でもある泰正には、果たさなければならない膨大な任務が待ち受けていた。

病院から、そのまま参議院議員会館二四二号室に入った山下は、首相官邸や自民党本部、地元との連絡に追われた。明の遺体が運ばれた品川の自宅は供花にあふれ、首相の橋本が訪れたのを皮切りに、自民党幹事長の加藤紘一《かとうこういち》、前幹事長の三塚博、岐阜選出国会議員では自民党岐阜県連会長で元外務大臣の武藤嘉文、衆議院議員の藤井孝男や古屋圭司、官房副長官で社会党の渡辺嘉蔵、さらに岐阜からは副知事の桑田宜典《くわだよしのり》、岐阜市長の浅野勇《あさのいさむ》も上京し、明の霊前に手を合わせた。

明の通夜は七日、葬儀・告別式は八日に、いずれも池上本門寺で執り行われた。長男・晃睦を喪主に、多くの人々が参列し、明の冥福を祈り、その遺徳を偲んだ。戒名は「宏観院殿法光日明大居士」となり、九日の閣議で明を正三位に叙すると同時に、勲一等旭日大綬章が贈られることとなった。

第5章　つや子の奮闘

「本当に私にできますか」

明の死去を受け、補欠選挙が行われることとなった。橋本龍太郎内閣発足後初の国政選挙である。投開票日は一九九六（平成八）年三月二四日、奇しくも明の四十九日となった。

補欠選挙には新進党が防衛庁航空幕僚監部技術第二課長の吉岡徹男《よしおかてつお》の擁立を決め、共産党からは一九九五（平成七）年七月の参議院議員選挙で明と戦った共産党岐阜県委員会国民運動部長の山本博幸《やまもとひろゆき》が再び名乗りを上げた。住専国会を乗り切るためには自社さ連立政権の枠組みを崩すわけにはいかない。自民党本部は「独自候補」ではなく、「与党統一候補」を立てるべく、社民党と新党さきがけの協力の下で明の後継選びを本格化させた。

自民党本部内では次男・泰正や通産省機械情報産業局総務課長で後に岐阜県知事となる古田《ふるた》

肇《はじめ》と、複数の名前が挙がった。だが、自民党岐阜県連としては、全国有数の「自民王国」の自負もあって、「中央主導」ではなく「県連主導」の擁立にこだわった。

こうした中、県連内で、先代・伴睦以来の火を消すなとばかりに、明の妻・つや子を推す声が出始める。落選中を含め三〇年以上にわたって明を陰に日向に支え続けてきただけに、候補者としては申し分ない。「知名度も高く、演説もうまい」との評価もあり（「米国人妻VS未亡人」）、本人の意思を確認することもなく、つや子擁立に向けた作業がスタートした。

最大の難問は、連立政権を組む社民党と新党さきがけへの説得だった。特に社民党にとっては党名変更後、最初の国政選挙であり、対応を誤れば党勢衰退を招く恐れもあった。社民党県連は、親族では自民党カラーが強過ぎて推せないとする独自候補擁立派と、自民党県連の方針に乗るべきとする与党統一候補擁立派に割れた。

自民党県連も決して一枚岩ではなかった。「自民王国」としてのプライドから、与党統一候補ではなく、あくまで「自民党公認」として戦うべきとする「主戦論」を唱える向きが大半を占めた。

しかし、本部レベルでは、住専処理問題に対する世間の厳しい逆風を払い除けるには連立与党の結束、協調体制を強化する必要があるとの判断から、つや子を無所属、三党推薦で擁立する方向で検討が進んでいた。住専処理問題は補欠選挙の最大の争点である。結局、無所属で立つ、次期衆議院議員選挙までは自民党の会派には入らないことを条件に、県連レベルでも双方本部の立場に歩み寄りを見せ、新党さきがけも同意の上で、つや子擁立が決定した。

つや子は、この段階では、まだ立候補に前向きではなかった。だが、つや子を推す自民党県連役員が発した一言で気持ちが固まる。

「本当に私にできますか」

「泣けばいい」（「この人と60分（36）」）

未亡人として有権者の同情を集めれば勝利できるというわけである。負けん気の強いつや子は「どうせやるなら自分の考えを訴えよう、主婦の立場、母親の立場でできることをやろう」と出馬を決断し、二月八日に正式に立候補を表明した（同右書）。これにより、補欠選挙は事実上、連立与党と新進党との一騎打ちの構図となることが確定したのであった。

事実上の決起集会

現職議員が死亡した場合に実施される国会の弔詞は、衆議院では「追悼演説」、参議院では「哀悼演説」と呼ばれる。誰が登壇するかについては厳格なルールがあるわけではないが、他党議員が行うのが通例である。

明の哀悼演説は二月二三日、参議院本会議場において行われた。明の遺影を抱くつや子をはじめ遺族やスタッフが傍聴席で見守る中、新進党の平井《ひらい》卓志《たくし》が演壇に上がった。香川選挙区を地盤とする参議院議員五期目のベテランである。

哀悼演説をする平井卓志

明と同じく実業界から国政に転じ、しかも二人とも労働大臣歴があり、年齢が近かったこともあって妙に馬が合った。平井は一九九五（平成七）年二月に自民党を離党し、新進党に入党するが、それでも明との友情は変わらなかった。


本院議員大野明君は、去る五日、急性心筋梗塞のため逝去されました。

前夜、御家族や知人の方々とドライブや食事を楽しまれた後、帰宅の途中、突然苦しさを訴えられ、それからわずか数時間の後に忽然と不帰の客となられました。

突然の悲報、まことに哀惜痛恨のきわみであります。

私は、ここに、同僚議員各位のお許しを得て、議員一同を代表して、正三位勲一等故大野明君のみたまに謹んで哀悼の言葉をささげたいと存じます。（中略）

大野明君、党人派の大物政治家として鳴らしたお父上と比べ、どちらかといえばおっとりとした人柄の君は、政界の荒波の中では必ずしも順風満帆とも言えず、衆議院では二度の落選を味わっておられます。

君は、御自身のことを「政治家としてはずうずうしさが足りない」とみずから評されておりますが、まさに物事にこだわらないらいらくな性格ゆえかもしれません。

しかし、参議院議員として国政に復帰し、これまでの豊富な経験を生かし、これからも国家国民のため大いに役立ちたいと満々の意欲を示されておりました。（中略）
今日、政治状況も激しく変動し、内外の諸問題に対するかじ取りの難しさも一方ではありません。この多難の折、高邁な政治信念と卓越する識見を持ち、そして政策通として名声をほしいままにする君を失うことは、大野家の嘆きのみにとどまらず、我が国政界にとってまことに痛恨のきわみであります。
人の世のはかなさをかみしめながら、二十有余年の御厚情を感謝しつつ、ここに、ありし日の故大野明君をしのび、心から御冥福をお祈り申し上げ、哀悼の言葉といたします。

哀悼演説二日後の二五日、今度は地元の本願寺岐阜別院香光殿において、自民党、岐阜県連、大野家による明の合同葬が執り行われた。合同葬には約三六〇〇人が参列、明の遺影を前にしての補欠選挙へ向けた事実上の決起集会となった。
訪米のため、合同葬に参列できなかった葬儀委員長の橋本龍太郎は、自民党総務会長の塩川《しおかわ》正十郎《まさじゅうろう》に託した弔文の中で勝利に向けた強い決意を示し、続いて弔辞を述べた県連会長の武藤嘉文、前自民党幹事長の三塚博、知事の梶原拓《かじわらひろむ》も必勝への思いをにじませた。遺族を代表して謝辞を読み上げたつや子も、投開票日となる四十九日には明を安心して天国に旅立たせたいと涙ながらに語った。しかし、住専処理問題への自民党に対する風当たりは想像以上に強く、「弔い合戦」とはいえ、「同情票」など期待できないほど極めて厳しい戦いが予想された。

告示日までに残された期間は一〇日余り。新たに政治団体として、自民党県連と社民党県連とが合同で「あたたかさと思いやりの岐阜県をつくる会」を設立し、岐阜県選挙管理委員会に届け出た。つや子は「あたたかさと思いやりの岐阜県をつくる会」の所属候補として出馬、自治省の党派区分により「無所属」ではなく「諸派」となり、告示日には自治省に対し、選挙期間中に政治活動ができる公職選挙法上の「確認団体」としての申請手続きを行うこととなった。

その頃、国会は住専処理問題で大揺れとなり、審議拒否を決めた新進党は予算委員会の開催を阻止すべく、三月四日から国会議事堂三階にある衆議院第一委員室の入り口前を座り込みで封鎖するという議事妨害に打って出た。国会は空転、ピケは最終的に二二日間にも及んだ。

「岐阜冬の陣」スタート

三月七日、岐阜の空模様は青空から雨、そして雪へ。「岐阜冬の陣」のゴングが鳴った。

つや子陣営の出陣式は午前九時過ぎから選挙事務所のある岐阜県水産会館前で行われた。自民党総務会長の塩川正十郎、社民党副党首の千葉景子《ちばけいこ》、新党さきがけ副代表の園田博之《そのだひろゆき》と、連立与党の中枢を担う大物が次々と檄を飛ばした。さらに自民党県連会長の武藤嘉文は一五分近い熱弁を振るい、問答無用の新進党を厳しく批判した。

続いて、つや子の登場である。これまで何度も明の選挙で本人に代わってマイクを握ってきた。場数は踏んでいる。しかし、自分を売り込むのは今回が初めてである。その表情は緊張に満ちていた。

紺色のスーツに身を包み、筆文字で「大野つや子」と書かれた襷《たすき》、胸に白色の花を着けたつや子は、会場に集まった約二〇〇〇人の聴衆を前に声を張り上げた。その力強い訴えに大きな拍手と声援が巻き起こった。

一七日間の選挙戦で、つや子は郡部を中心に県内全域を回った。特に自らが女性ということで、つや子陣営は女性票の掘り起こしに向け、県内の地区ごとに設けられている自民党の地域・職域支部の女性党員限定のミニ集会、各種女性団体代表を集めての決起集会を開きながら、「主婦の立場、母親の立場」を前面に押し出す作戦を展開した。

選挙期間中に放送される政見放送では、これまで明を支持してくれた岐阜の有権者に感謝の言葉を述べた上で、自らの決意を語った。本書執筆に際して、明・つや子夫妻の次男である泰正から提供されたファイルの中に、ワープロで打たれた二枚綴りの政見放送用の台本が挟まっていた。以下は、その全文である。

岐阜県の皆様、大野つや子でございます。去る2月5日大野明は志なかばで帰らぬ人となりました。大野は心から国を愛し、岐阜県を愛し故郷の発展を何よりも願っておりました。大野と共に30有余年、力を合わせて、大きな夢の実現に努力を続けることができましたのも、ひとえにご支援賜りました皆様のおかげと心より御礼申し上げます。

いま私は亡き夫の意志を継ぎ、これからの人生を愛する岐阜県の皆様に尽くしたいと決意し、自由民主党・社会民主党・新党さきがけ与党3党のご推薦をいただき、立候補させていただきました。

いま住専処理が大きな政治問題となっています。私は、主婦として100円のお金も気になります。何千億円という借金を返さない人が、平然としている事実を許せません。私財の没収や刑事責任の追及という厳罰をもって責任を取らせなければなりません。また金融行政、大蔵省の改革を大胆に実行していくべきです。しかし、住専問題は日本経済全体にかかわる大問題です。これ以上解決を先送りすれば、回復しかけた景気が不況のどん底へと沈んでしまう危険性があります。これは絶対に避けなければなりません。

一時的に財産資金を投入しても金融機関に返済をさせ、結果として皆様に負担をおかけしない方策を取ります。

今日まで、この問題を放置して来たことは、与野党を問わず政治家全体の責任です。それは、政権がたびたび変り強力なリーダーシップを発揮できなかったことに原因があります。いまこそ政治の安定が必要です。私は、県民の皆様の声をお聞きし、肌で感じたものを国政にお届けします。

さらに、私は次の4つのことをお約束します。

まず、景気の回復と産業の振興についてでございます。地場産業の発展に努め、ハイテク産業の振興により地元の活性化を図り、安定した雇用と豊かな暮らしを実現します。

次に私は、ふるさと岐阜県を大切にします。私たちの岐阜県には、豊かな緑、清らかな水、澄んだ大気など、かけがえのない自然があふれています。

この故郷岐阜県の自然を大切にし、農山村の暮らしの基盤を守りながら、もっともっと住みよい、うるおいのある郷土づくりに全力を尽くします。

第3は、家庭を持つ母親の立場として、安心して暮らせる社会をつくります。いま、いじめによる自殺や登校拒否、体罰などが大きな問題になっています。本当に心が痛みます。いじめのない、思いやりに満ちた社会をつくるために、ゆとりと個性を伸ばす教育の改革が必要です。

21世紀は高齢化社会といわれています。いまから高齢者や障害者の皆様が、生きがいをもって暮らしていけるよう社会保障を充実させると伴に福祉施設の整備や保険、医療、看護などを一体的に考えます。

また災害に強い安全な国土、犯罪のない社会、平和な地球をめざし、安心して暮らせる社会をつくります。

最後に私は、夫に期待を寄せていただいた皆様との間に立って、政治を肌で感じ取って参りました。その経験を生かし、なお、いち生活者として、その視点でものを考えて参ります。

私は女性の持つやさしさ、あたたかさ、思いやりを政治に反映させていきたいと思います。

大野つや子は、皆様のために命がけで頑張ります。皆様の暖かいご支援を節にお願い申し上げます。誠にありがとうございました。

議席死守

告示後は、橋本龍太郎、村山富市、新党さきがけ代表の武村正義と、応援弁士が続々と岐阜入りした。茨城選挙区の参議院議員・狩野安《かのうやす》も、その一人だった。四年前の一九九二（平成四）年二月に夫・明男の死去に伴う補欠選挙で当選している狩野は、同じ境遇に立つつや子を励まし、一緒に街宣車に乗り込んでマイクを握り続けた。

県内全域を飛び回る

つや子も確かな手応えを感じていた。そんな中、当初こそ住専処理問題で苦境に立たされていた連立与党だったが、選挙戦中盤あたりから風向きが大きく変わっていく。時間が経つに連れて新進党が採用したピケが、「言論の府」たる国会の権威を失墜させる行為として国民の批判を招き、マス・メディアによるバッシングが始まったのである。

ピケを差配したのは新進党の党首である小沢一郎だった。世論の変化を読み切れず、振り上げた拳を下ろすタイミングを失い、無駄に座り込みを続けた結果である。完全な失敗だった。

選挙戦最終日、つや子は県内最大の有権者を抱える岐阜市を中心に回った。午後七時からは柳ケ瀬のアーケード商店街を練り歩き、そのまま近くの社民党県連本部前へ。社民党副党首・伊藤茂《いとうしげる》、新党さきがけ代表幹事・鳩山由紀夫《はとやまゆきお》が、つや子にエールを送った。打ち上げは弥八《やはち》地蔵前で行われた。夜の寒気を吹き飛ばすほどの熱気に包まれる中、つや子は最後の訴えに声を枯らした。

二四日、いよいよ投開票日を迎えた。明の四十九日でもある。午前中、つや子は親族と明の法要を行い、仏前に必勝を誓った後、選挙事務所に入り、開票の行く末を見守った。投票率は五〇・二六％で、岐阜選挙区としては極めて低水準だった。

「当選確実」の一報が流れたのは午後八時五分過ぎだった。新進党と共産党の追撃を大差で引き離した。

当	大野つや子	諸派	新	三九八，八〇一票
	吉岡　徹男	新進党	新	二二七，七五七票
	山本　博幸	日本共産党	新	一六二，五九七票

つや子の得票は全市町村でトップを占めた。大勢の支持者を前に、自民党県連総務会長で県議会議員の猫田《ねこた》孝《たかし》が声高らかに「勝利宣言」を告げると、大きな拍手が起こり、喜びは最高

潮に達した。万歳三唱の後、つや子は満面の笑みを浮かべながら感謝の言葉を述べた。この圧倒的勝利により、敗北した新進党は民意を前に成す術なくピケを解除、国会は正常化した。

勝利から二日後の二六日、つや子は岐阜県庁で選挙管理委員会から当選証書を受け取り、その足で上京、晴れやかな気持ちで国会議事堂へと向かった。バッジを着けた後、登院表示盤上段にあった明の名札と同じ位置に新しく書き換えられた自分の名札のスイッチを押した。

つや子は、しばらくの間は自民党の会派には入らず、無所属で通すこととなった。翌日正午過ぎに始まった参議院本会議で、議長の斎藤十朗《さいとうじゅうろう》から「この際、新たに議席に着かれました議員を御紹介いたします。議席第五十四番、選挙区選出議員、岐阜県選出、大野つや子君」と呼ばれると、つや子は、その場で立ち上がり一礼、議場から万雷の拍手が送られた。

参議院議員会館の事務室は二四二号となった。明が使っていた部屋である。そこを、そのままを引き継いだ。

一生懸命足で歩いて

伴睦の義娘であり、明の妻でもあったつや子は、大半の先輩議員たちから好感を持って迎えられた。ただ、そうは言っても新人である。最初は見習い期間のようなもので、来る日も来る日も猛勉強に明け暮れた。

他方、衆議院、参議院問わず国会議員は、少なくとも一つの常任委員会に入らなければならない決まりになっている。つや子は参議院規則第三〇条の規定により法務委員に指名された。

「主婦の立場、母親の立場」を強調してきたつや子にとっては全くの門外漢である。

だが、学べば学ぶほど法務行政が国民の日常生活に極めて密接に関わっていることが分かってきた。奇しくも法務省の長たる長尾立子《ながおりつこ》は民間から起用された女性初の法務大臣である。

参議院議員となって約一ヵ月半が経った五月七日、初めての質問が参議院法務委員会で行われた。つや子は、こんな質問から始めた。

大野つや子でございます。初めての質問でございますので、もし失礼な点がございましたら御教示くださいますよう、諸先生方、よろしくお願い申し上げます。

まず、女性として初めて法務大臣になられました長尾大臣にお伺いいたします。

女性法務大臣として、法務行政において特にお気づきの点、またお気遣いになっていること、また改善を早急に図らなければならないとお感じになっている事柄などがございましたら、お聞かせいただきたいと思います。

実に素朴で、いかにもつや子らしい。これに対し長尾は次のように答弁した。

お答えを申し上げます。

法務省の仕事は、私たちの社会のかなめともいうべき法秩序を維持し、国民の皆様お一人お一人の権利を守っていくということにあると思っております。ただいまの私どもの社会の情勢を見ますると、非常に大きな変動の中にあるという印象を持っておりますし、家庭や社会の中の女性の役割につきましても変動の過程にあるように思っております。このような社会情勢の変化をきちんと受けとめまして、それにふさわしい方法で本来の課題でございます法秩序の維持と国民の権利を守るという役割を果たしていく必要があるというふうに考えております。

つや子は続けて裁判官・検察官・弁護士の女性比率、在留外国人数の増加に伴う入管（出入国管理）業務の課題、裁判の充実・迅速化について取り上げた。最後に「国の伝統、家族制度と民主主義のぶつかり合う難しい問題」として夫婦別姓問題に触れ「社会的影響、とりわけお子様に対する影響などを国民の皆様へ十分アナウンスしていただき、時間をかけて、国民の皆様が本当に望んでいることか、また世論を集約してから対処していただきたい」と要請した。無所属ゆえ、与えられた質問時間は短かったものの、いずれも的確な指摘で先輩議員から高い評価を受けた。

一〇月、中選挙区制から小選挙区比例代表並立制に移行して初めての衆議院議員選挙が行われ、投開票日翌日、つや子は約束通り自民党入りした。この選挙は、政権交代を目指す新進党、新党さきがけの鳩山由紀夫と菅直人《かんなおと》を軸に社民党の中堅・若手議員も加わり第三極として誕生した民主党が、自民党に挑む構図で展開された。

結果は自民党が過半数には及ばなかったものの議席増を果たし、第一党の座を確保した。新進党は議席微減、民主党は現状維持、連立与党の社民党と新党さきがけは大幅議席減で存亡の危機に陥るというものだった。これを受け、社民党と新党さきがけは自民党との間で連立政権の枠組みに残ることには合意はしたものの、閣外協力に転ずることとなった。

自民党に入ったことで、つや子の活躍の幅は一気に広がった。明と同じく三塚派にも入会し、自民党女性局次長や岐阜県連常任顧問といった役職に就く一方、陳情処理、各種行事への出席と多忙を極め、休養を取る時間すら取ることができなくなっていった。

法務委員会に続いて今度は厚生委員会に移った。「母親の立場」を重視するつや子には最も相応しい場である。

つや子は「一生懸命足で歩いて現状を把握」することをモットーとしていた（「わが健康」）。そのため、例えば一九九七（平成九）年四月三日に児童福祉法改正案に関する質問に立った際は、自ら現場に足を運んで見聞きした育児放棄の実例や育児ノイローゼに苦しむ女性の声を紹介し、改正案が、こうした実態を踏まえたものかどうかを厚生大臣・小泉《こいずみ》純一郎《じゅんいちろう》に問うている。

六月五日には農林水産委員会において、「私は議員として、またそれ以前に母親の立場で、本来の自然界にある作物に人工的に遺伝子を組み入れているという技術が果たして一〇〇％安全であるのか、不安の念を抱かざるを得ません」として、遺伝子組み換え食品問題を取り上げ、関係省庁に安全基準の指針について質問した。「安全性は問題はない」とする科学技術庁、農林水産省、厚生省の答弁に納得のいかないつや子は「現に遺伝子組み換え食品は十分安全性が確認されたとは言えないので、食べたくないというような、そういう主張をする人々がいらっしゃるのも事実でございます」と指摘、さらに厳しく問い詰めた。

災害現場を訪れる

実際、つや子のところには、育ち盛りの小中学生を持つ保護者たちから遺伝子組み換え食品に対する不安、学校給食における遺伝子組み換え食品の取り扱いに関する意見が数多く寄せられていた。つや子の「一生懸命足で歩いて現状を把握」するスタンスは徹底していた。

国内だけではない。中東のイスラエルとシリアの国境にあるゴラン高原やカンボジアにも出向き、地雷除去の現場を見て回った。いずれも日本の女性国会議員第一号だった。

野党の離合集散と混迷する自民党

その頃、政権奪取を目指していた野党第一党の新進党は、混乱の渦中にあった。党首・小沢一郎の冷徹なまでの独善的な政治手法に反発が強まり、羽田孜が離党して太陽党を、さらに細川護熙も離党してフロム・ファイブを結成する。その後も離党者が続出し、徐々に崩壊の道へと突き進んでいった。だが、小沢は党内融和を図ろうとせず、自民党内の「反執行部派」と目される人々との「保保連合」を模索し始める。

混迷の度合いを深める中、一九九七（平成九）年一二月、党首選挙が行われた。小沢と新進党内の「反保保連合」が擁立した鹿野道彦《かのみちひこ》との一騎打ちで、小沢が再選された。すると間もなく小沢は新進党の解党を宣言、呆気なく幕を閉じた。

新進党の分裂により、翌年一月、小沢は自ら党首となって自由党を旗揚げした。旧公明党グループは衆議院議員による新党平和と参議院議員による黎明クラブに分かれ、その後、紆余曲折を経て完全合流し、公明党を再結成する。さらに旧民社党グループによる新党友愛、鹿野を代表とする国民の声、小沢辰男《おざわたつお》率いる改革クラブと、相次いで新党が結成された。

すると今度は、民主党が、これら新党との合流による勢力拡大に動き出した。仲介役を務めたのは細川だった。新党友愛に加え、太陽党、フロム・ファイブ、国民の声の三党が合併してできた民政党、そして民改連も民主党に加わり、四月二七日、国民的人気の高い菅直人をトップに新「民主党」が誕生したのであった。(『政党崩壊』)

こうした野党再編と同時進行で、日本はバブル経済の崩壊による後遺症から戦後最悪の不況に苦しめられていた。その不況をさらに深刻にしたのは財政再建を重視する橋本龍太郎内閣の失政との批判があふれる中、五月三一日には社民党と新党さきがけが連立与党を離脱、六月二五日、参議院議員選挙の公示日を迎えた。自民党は厳しい戦いを強いられた。逆に民主党は「菅人気」に後押しされる形で好調に支持を伸ばしていった。(同右書)

七月一二日の投開票の結果、自民党は現有議席を一六も減らすという敗北を喫し、非改選との合計が一〇三議席と、単独過半数を大きく割り込んだ。これに対し、民主党を中心に野党は大幅に議席を増やした。橋本は、その責任を取って退陣を表明する。

橋本の後継を選ぶ自民党総裁選挙には最大派閥・小渕派会長の小渕恵三、三塚派の小泉純一郎、さらに小渕派を飛び出した元官房長官・梶山静六が出馬した。結果は小渕の圧勝だったが、梶山が善戦健闘し第二位となり、小泉は予想外に票が伸びず第三位に終わった。

小泉を擁立した三塚派の票が梶山に流れたことは明白だった。梶山支持に動いたのは小泉や森喜朗《もりよしろう》と反目する亀井静香《かめいしずか》に近い中堅・若手グループであった。九月、亀井や平沼赳夫《ひらぬまたけお》、中川昭一《なかがわしょういち》をはじめ二一人が三塚派を退会し、新たに亀井グループを発足させる。つや子も、これに賛同して三塚派を離れた。ただ、この段階では亀井グループへの参加は見送り、それから半年経って村上・亀井派、後の江藤・亀井派に入会した。

小渕内閣が直面した喫緊の課題は、不良債権が膨れ上がった金融危機の回避であった。だが、参議院での大幅過半数割れの状況ゆえ、政権運営は不安定で、民主党の金融再生法案を丸呑みして成立させる他なかった（『政党崩壊』）。そこで小渕は政権基盤の安定を図るため、過去に自民党を割って出たものの、政策的には最も距離の近い小沢の自由党との連携を急ぎ、一九九九（平成一一）年一月に自自連立政権、さらに一〇日には公明党も引き込んで自自公連立政権を発足させて、その活路を切り開いていった。

だが、しばらくすると小沢による小渕内閣への揺さぶりが始まった。連立政権からの離脱をほのめかしながら、選挙協力と政策合意で自らに有利な条件を引き出そうとする小沢に、小渕は振り回された。

二〇〇〇（平成一二）年四月、首相官邸で小渕、小沢、公明党代表の神崎武法《かんざきたけのり》による政権運営に関する協議が行われるも溝は埋まらず、自由党との連立政権は一年三ヵ月で解消された。この時、政権離脱に反対する二六人が自由党を離党し、扇千景《おおぎちかげ》を党首に保守党を結成して、自公保連立政権に移行することとなった。

そんな中、小沢との協議を終えた小渕を突然、脳梗塞が襲った。病状は極めて深刻だった。政治空白を避けるため、首相臨時代理に指名された官房長官・青木幹雄《あおきみきお》の下で臨時閣議が開かれ小渕内閣は総辞職、不測の事態を受け、自民党両院議員総会において、幹事長の森が満場一致で総裁に選ばれ、森内閣が誕生した。

小渕内閣の退陣は、七月に行われる九州・沖縄サミットの成功に向け、精力を傾けようとしていた矢先のことだった。その後も小渕の昏睡状態は続き、五月一四日、帰らぬ人となる。享年六二という若さだった。六月の衆議院議員選挙を経て、第二次森内閣が成立、森は小渕から引き継いだ九州・沖縄サミットを見事に完遂させた。

初代法務大臣政務官

一二月五日、一府二二省庁から一府一二省庁への中央省庁再編に対応すべく、第二次森喜朗改造内閣が発足、一ヵ月後の二〇〇一（平成一三）年一月六日、予定通り、これが施行された。中央省庁再編は一八八五（明治一八）年一二月に内閣制度が創設されて以来の大改革で、縦割り行政の弊害を排除し、簡素化、効率化が図られ、同時に政治機能の強化のため、国務大臣の下に新たに副大臣と大臣政務官が置かれた。このうち、大臣政務官については国家行政組織法で次のように規定された。

第十七条　各省に大臣政務官を置く。

2　大臣政務官の定数は、それぞれ別表第三の大臣政務官の定数の欄に定めるところによる。

3　大臣政務官は、その省の長である大臣を助け、特定の政策及び企画に参画し、政務を処理する。

4　各大臣政務官の行う前項の職務の範囲については、その省の長である大臣の定めるところによる。

5　大臣政務官の任免は、その省の長である大臣の申出により、内閣がこれを行う。

6　前条第六項の規定は、大臣政務官について、これを準用する。

つや子は定数一となる法務大臣政務官に任命された。大臣は高村《こうむら》正彦《まさひこ》、副大臣には、かつて夫・明が労働大臣だった際に事務秘書官を務めた長勢甚遠が就いた。就任に際しつや子は、法務委員会において「高村法務大臣、長勢法務副大臣のもとに、よき補佐役として、時代の要請にかなった法務行政の推進のため、誠心誠意努力してまいりたい」と、その決意を述べた。

四月に森内閣が退陣したため、在任期間は三ヵ月半ほどだったが、この間、高村、長勢に代わり、法務委員会において、裁判官増員問題、地方空港の国際化による出入国審査に必要な人的・物的体制の整備、検察官の分限処分手続き、保護司に対する表彰制度について答弁に立った。さらに、法務省で働く女性官僚を集めて茶話会を開き、仕事と家庭、育児の両立に悩んでいる彼女たちの声を聞きながら、職場環境の改善にも努めたという。

参議院議員選挙を控える中、内閣支持率の低下に苦しんでいた森が、人心一新を図る必要があると判断して辞意を表明すると、一気に自民党総裁選挙への動きが加速していった。真っ先に手を挙げたのが小泉純一郎だった。三回目の挑戦である。続いて元首相の橋本龍太郎が再登板に意欲を見せ、経済財政政策担当大臣の麻生太郎《あそうたろう》や政調会長の亀井静香も立候補を表明した。

全国党員・党友参加による総裁予備選挙では、都道府県連の地方票が、これまでの一票から三票に拡大され、原則として予備選挙でトップとなった候補者が三票全てを獲得する「総取り方式」も採用された。予備選挙では「自民党をぶっ壊す」という逆説的な訴えで党員・党友だけでなく、多くの国民からの共感を呼んだ小泉が圧勝した（『自由民主党のあゆみ』）。これを受け、亀井は国会議員による本選挙への出馬を辞退し、小泉支持に回った。当然、つや子も小泉に一票を投じた。

結果、橋本、麻生の二人を破り小泉が勝利、小泉内閣が発足した。「聖域なき構造改革」を掲げる小泉に国民は熱狂し、内閣支持率は八〇％台を記録した。非拘束名簿式比例代表制が導入されて初めてとなる七月の参議院議員選挙でも、「小泉旋風」が吹き荒れた。

再選を目指すつや子も「小泉人気」を追い風に幅広く支持を広げ、五一万八二一九票、得票率五五・四%という圧倒的勝利を収める。自民党は六四議席、公明党、保守党を合わせると七八議席、非改選との合計は一三九議席にも達し、連立与党で過半数を優に上回る結果となった。

泰然自若とした構えで

国民からの強力な支持をバックに、小泉純一郎は数々の難題に果敢に挑戦していった。自民党内には、小泉の構造改革に反発する向きもあった。だが、小泉は彼らを「抵抗勢力」と断じ、「新しい政策を打ち出すことで、従来の自民党政治からの決別を国民に印象づけようとした」のであった。(『首相支配』)
構造改革の原動力となったのが内閣府の「経済財政諮問会議」だった。経済財政諮問会議は文字通り、「経済や財政について議論を行うことになっている」が、「およそ国内政策のなかで経済や財政が関係しないものはない」ため、政策全般について協議することができる（同右書）。小泉は、この経済財政諮問会議を通じて、様々な政策課題に関する小泉内閣の方針を定めた「骨太の方針」を練り上げ、自民党や関係省庁の意向に囚われることなく閣議決定し、これをベースに道路特定財源の一般財源化、特殊法人の廃止と民営化、国から地方への財源配分の見直しと、矢継ぎ早に構造改革を進めていった。

しかし、構造改革を実施する過程においては「痛みを伴う」こともある。つや子は、構造改革によって打撃を受けた地方の声を国会に届けるべく、岐阜県内を駆けずり回った。

小泉は外交でも異彩を放った。外務省に代わって首相官邸が外交のイニシアチブを取り、小泉個人の直感で決断を下す「官邸外交」を確立し、強いリーダーシップを発揮した。（『官邸外交』）

二〇〇一（平成一三）年九月一一日に起きたアメリカ同時多発テロ事件を受け、海上自衛隊の護衛艦と補給艦をインド洋に派遣し、二〇〇三（平成一五）年三月のイラク戦争に際してはいち早くアメリカによる武力行使を支持、戦争が終わった後は復興支援のため、イラクに約六〇〇人規模の陸上自衛隊の部隊を送り込んだ。二〇〇二（平成一四）年九月には日本の首相として初めて北朝鮮を訪問した。その際、朝鮮労働党総書記の金正日《キムジョンイル》に日本人拉致を認めさせ、これにより拉致被害者五人が帰国、さらに二〇〇四（平成一六）年五月にも再訪朝し、今度は拉致被害者家族五人の帰国が実現した。

二〇〇二（平成一四）年七月、つや子は参議院文教科学委員長に選任された。「母親の立場」から教育行政に強い関心を寄せ続けてきたつや子は、打診があった際、これを二つ返事で引き受けた。

委員長となって初めて臨んだ文教科学委員会は一〇月二九日に開かれた。議事に先立ち、つや子は「公正、円満な委員会運営に努めてまいりたいと存じます。何とぞよろしくお願いを申し上げます」と挨拶した。

つや子は委員長として法務委員会との連合審査会を含め、三三回の文教科学委員会で議事運営に当たった。委員長には常に公正中立な立場が求められる。そのため、つや子は議事運営に関する野党側からの要望にも真摯に対応し、逆に政府側に対して「答弁は内容を整理して簡潔、明瞭に行われますように要請いたします」と注意を促すこともあった。

つや子が最も苦心したのが、国立大学を法人化して国の直轄から独立させる国立大学法人法案関連六法案の扱いだった。文部科学省による護送船団方式での大学運営を改め、学長によるリーダーシップの確立をはじめとするガバナンス体制の強化を図り、人事や会計の裁量を増やし、国立大学の個性化を進めることが趣旨だった。一八八六（明治一九）年二月の帝国大学令公布、一九四九（昭和二四）年五月の新制国立大学発足以来の三度目の大改革である。

だが、教職員の身分を「非公務員」に切り替えることへの反発は強く、政府側の答弁に納得のいかない野党側の攻勢により議事が中断する場面も度々あった。それでも、つや子は泰然自若とした構えで堂々と挑み、二〇〇三（平成一五）年七月八日、国立大学法人法案関連六法案は原案通り可決、翌日の参議院本会議で無事、成立に至った。

委員長として最後となる文教科学委員会は、約二週間後の二四日に行われた。つや子は散会に当たって、こう締めくくった。

委員長といたしまして、一言ごあいさつを申し上げます。

本委員会におきましては、今期国会に付託されました種々の案件につきまして、委員各位の活発な議論の下にそれぞれ濃密な御審議をいただくことができました。参議院の委員会として、あるべき参議院の役割を果たせたのではないかと考えます。これはひとえに各会派理事の皆様を始め委員の先生方の御熱意と御協力のおかげと、委員長といたしまして心から厚く御礼を申し上げる次第でございます。ありがとうございました。

その間、二〇〇三（平成一五）年四月の統一地方選挙において、公設第一秘書だった次男・泰正が、健康上の理由から立候補を辞退した自民党現職・白木《しらき》義春《よしはる》に代わって告示日の二日前に急きょ、岐阜県議会議員選挙への出馬を決断、激戦を制するという出来事もあった。泰正にとっては将来の国政入りに向けた大きな一歩となるのであった。

郵政民営化の渦中で

二〇〇三（平成一五）年秋の衆議院議員選挙前後から、首相・小泉純一郎は郵政民営化の実現に向けて着々と布石を打っていった。郵政民営化は小泉にとってライフワークでもある。

その年の四月には郵政民営化の「一里塚」として日本郵政公社を発足させ、選挙戦でも郵政民営化を訴え、政権公約（マニフェスト）にも、これを盛り込んだ。選挙結果は、自由党と合併した民主党が四〇議席増と大きく躍進した。自民党、公明党、保守党の後身政党で後に自民党に合流する保守新党の連立与党は全体としては一二議席減となったものの、何とか過半数を超える絶対安定多数を確保するに至った。

翌年七月の参議院議員選挙においても小泉は郵政民営化を前面に掲げて戦い、自民党と公明党を合わせて参議院の過半数を維持したことを受け、内閣官房に「郵政民営化準備室」を設置した。自民党内からは「公社化したばかりなのに、なぜ民営化を急ぐのか」といった疑問に加え、郵政民営化そのものに対する批判も噴出した（『自由民主党のあゆみ』）。しかし、小泉は不退転の決意を持って、二〇〇五（平成一七）年四月、郵政民営化関連六法案を通常国会に提出する。

つや子は、まず郵政民営化に対する有権者の意見を聞こうと県内全域を飛び回った。全国津々浦々、毛細血管のように配置されている郵便局は、その地域に住む人々にとって最も身近な公的窓口である。特に、過疎化が進む地域では、年金の受け取りや公共料金の支払いといった高齢者の日常生活を支える大きな基盤となっている。

郵政民営化となれば収益性が重視される。そうなると、高齢者が多い過疎地では採算が取れないことを理由に郵便局が廃止に追い込まれ、サービスが受けられなくなるかもしれない。つや子の元には、そんな心配の意見ばかりが届いた。

小泉の進める構造改革を否定するつもりはない。政党人として、小泉を自民党総裁、そして首相に選んだ以上は、小泉内閣を支える責任がある。しかし、それ以前に自分は国民代表である。どんなに小さな声であっても無碍《むげ》にすることはできない。つや子は悩みに悩んだ。

五月のゴールデンウイーク明けから郵政民営化の攻防が一段と激しさを増していった。これに対し小泉は、法案が成立しなかった場合、衆議院を解散する意向をにおわせ反対派を牽制した。幹事長・武部《たけべ》勤《つとむ》をはじめ自民党執行部は、あの手この手で反対派への説得工作を開始し、造反者には公認を出さないとの方針を取った。こうして七月五日、衆議院本会議での採決が行われた。採決では自民党から三七人が反対票を入れ、一四人が棄権・欠席、五票の僅差で可決した。

続いて論戦の舞台は参議院へと移った。執行部による参議院議員に対する説得工作が始まる。だが、それは逆効果だった。参議院は「再考の府」である。法案の修正も認めず、解散で牽制して再考の余地を与えないのは参議院そのものの存在を否定するに等しい（『首相支配』）。小泉や執行部への反発は強まる一方だった。

つや子も反対を決め、いざという時のために自民党への離党届を持ち歩くことにした。執行部から賛成を迫る電話攻勢が続く。当時、つや子は参議院自民党副幹事長という立場にあった。上司に当たる幹事長の片山虎之助《かたやまとらのすけ》からも何度も翻意を求められたが、最後まで怯まなかった。

八月八日午後一時過ぎから参議院本会議が始まり、郵政民営化関連六法案が採択された。つや子を含め自民党から造反が続出、賛成一〇八票、反対一二五票で法案は否決された。

これを受け、小泉は間髪入れず衆議院を解散し、郵政民営化の是非の判断を国民に委ねることとした。「郵政選挙」の始まりである。小泉は郵政民営化に反対する自民党前職には公認を出さず、その前職の選挙区に対抗馬を擁立するという前代未聞の「刺客」作戦を展開していった。そんな異例の政治劇をテレビの情報番組やワイドショーが大々的に報じたことで、選挙戦は「劇場型選挙」となり、有権者を熱狂させた。（『郵政最終戦争』）

九月一一日の投開票の結果、自民党は単独過半数の二四一議席を大きく超える二九六議席を獲得した。公明党の三一議席を加えれば、与党で三二七議席という地滑り的大勝である。有権者は郵政民営化に賛成という民意を示した。つや子も、この結果を重く受け止めた。

郵政民営化関連六法案は一〇月一一日に衆議院本会議で可決、一四日の参議院本会議において成立した。有権者が出した答えに従うしかない。つや子は一転、賛成票を投じ、その上で選挙前の造反行為に対して、自民党党紀委員会から二年間の執行猶予を設けた役職停止一年の処分を受けた。その後、つや子は雌伏の時を過ごすことを余儀なくされるが、二〇〇六（平成一八）年九月に小泉内閣が退陣し、安倍晋三《あべしんぞう》内閣発足後、いわゆる「郵政造反組復党問題」が解決したことで、執行猶予が一年間に短縮され、一〇月、自民党人事局長に就任した。

政界引退、バトンは泰正へ

参議院議員選挙を半年後に控えた二〇〇七（平成一九）年一月二七日、岐阜県連は、改選を迎えるつや子の擁立を決定、近く自民党本部に公認を申請することを確認した。ところが同じ日、思わぬ事態が起こる。郵政民営化に反対し、その後の郵政選挙で岐阜四区から無所属で立候補して落選、自民党を離党していた藤井孝男も名乗りを上げたのである。

翌日、藤井は自らの後援会役員会で、正式に出馬を表明した。自民党への復党を希望していた藤井だったが、自民党執行部は参議院議員選挙前の「郵政造反落選組」の復党を見送る方針を決めていた。そこで岐阜県連は、つや子の公認と合わせ、藤井の推薦を自民党本部に求めることにした。

しかし、与野党が議席を分け合う「指定席」と呼ばれる改選二の岐阜選挙区で、自民党の議席独占は容易ではない。仮に、どちらか一方が負ければ、県連内に大きな禍根を残すことになる。ここは年長の自分が立候補を見送ることで、自民党の議席を確実に守り抜くことが堅実であろう……。つや子は政界引退を決意、藤井は自民党と公明党の推薦を得て無所属で立候補することとなった。

六月一九日、つや子は参議院環境委員会において質問に立った。参議院議員として最後の質問である。つや子は、地球温暖化による気候変動問題、森林保護とエコツーリズムの推進について取り上げ、環境大臣・若林正俊《わかばやしまさとし》に対して、「たった一つしかないこの地球でございます。大切な地球を、地球上に生きとし生けるもののためにしっかりと今後取り組んでいっていただきたい」と要請した。

そして「私は議員として最後の質問をさせていただきましたことに感謝を申し上げます。ありがとうございました」と締めくくると、与野党問わず全委員から温かい拍手が送られた。万感胸に迫る思いだったに違いない。続いて質問に臨んだ民主党の山根隆治《やまねりゅうじ》は「今、大野先生が議員としての最後の御質疑ということでのお話を聞きまして、少し詰まるものもございました」と語り、同じく民主党の福山哲郎《ふくやまてつろう》も「環境委員会の運営にも大変御尽力をいただきまして、心から敬意と感謝を申し上げたいと思います」とねぎらった。

参議院議員選挙が始まると、つや子は藤井の応援に全力を挙げた。藤井にとっては郵政選挙の雪辱戦である。社会保険庁による年金加入記録の杜撰な管理によって約五〇〇〇万件が該当者不明になっていた「消えた年金問題」により、自民党にとっては厳しい戦いとなったが、藤井はトップでの当選を勝ち取った。

それから六年後の二〇一三（平成二五）年七月に行われた参議院議員選挙では、定数減で改選一となった岐阜選挙区に、今度は、つや子の次男で県議会議員の泰正が自民党公認で立候補した。国政復帰を果たした藤井だったが、二〇一〇（平成二二）年四月に自民党を離れ、たちあがれ日本に参加し、二〇一二（平成二四）年一二月の衆議院議員選挙では比例東海ブロックから日本維新の会公認で出馬し当選、参議院議員を失職したため、岐阜県連は公募を実施して、結果、泰正が選ばれた。選挙戦では相手陣営から「世襲批判」を受けるも、泰正は意に介さず、激闘の末、次点の候補者にダブルスコアで圧勝、志のバトンは泰正へと引き継がれたのであった。

泰正とカラオケを楽しむ晩年のつや子

おわりに

二〇一九（令和元）年七月の参議院議員選挙を控える中、つや子が乳がんを患っていることが判明した。二期目を目指して岐阜県全域を飛び回る泰正を気遣い、つや子は選挙が終わるまで黙っていたという。泰正が当選して間もなく、つや子は手術を受けるも、やがて再発、入退院を繰り返した。

二〇二〇（令和二）年秋、つや子は岐阜から、泰正が住まう東京・紀尾井町の参議院清水谷議員宿舎に移った。それでも筆者が執筆した『評伝 大野伴睦　自民党を作った大衆政治家』の監修者として草稿に目を通し、義父・伴睦との思い出を振り返りながら「『思いやり』の心を持って」と題する「監修者のことば」を綴るほど元気な姿を見せていた。

ところが、徐々に容体が悪化、年末に慶應義塾大学病院に入院した。しかし、新型コロナウイルス禍により面会が叶わない。そこで年明けの二〇二一（令和三）年一月初旬に、面会が可能な九段坂病院に転院した。最期が迫っているのを察した泰正は何度もつや子を見舞った。

二六日、心不全のため、つや子は静かに息を引き取った。享年八六だった。つや子の通夜は二月四日、葬儀・告別式は五日に、泰正を喪主に近親者のみで桐ヶ谷斎場にて執り行われた。戒名は「慈宏院殿妙光日艶清大姉」、死亡日をもって従四位に叙された。

つや子にとって遺稿となった前著の「監修者のことば」の中に「『義理と人情とやせがまん』という言葉を好んだ父は文字通り浪花節的な政治家でしたが、『思いやり』を大事にした政治家だったともいえましょう。父の後を継いで政治家となった主人も、この『思いやり』を自らの信念とし、よく『何事にも常に相手の立場に立った物の考え方こそが大切であり、これが政治の原点である』と申しておりました」との一文がある。この「思いやり」こそが、伴睦、明、つや子へと継承された政治家一家・大野家の要諦と言えよう。その遺志は今、泰正が引き継ぎ、「思いやり」のある社会の実現に向け獅子奮迅の活躍を見せている。

本書の刊行に当たっては、たくさんの方々からのご協力を得た。まず何より明先生とつや子先生のご令息である参議院議員・大野泰正先生のご助力なくして、本書の完成はなかった。インタビューに際しては、筆者の不躾な質問にも寛容にお答えいただき、監修者として草稿を丁寧にチェックし、多くの貴重なアドバイスを頂戴した。衷心よりお礼申し上げたい。

大野先生の政策担当秘書である岩田佳子氏には、資料収集を中心に数々の便宜を図っていただいた。大野事務所のインターン生で、筆者のゼミナールに属する拓殖大学政経学部四年生の小倉璃久君は、資料整理をはじめとする様々な雑務を淡々とこなしてくれた。本書は、岩田氏や小倉君を含む大野事務所のスタッフの皆様との共著と言っても過言ではない。心から感謝申し上げたい。

つや子先生の実妹・植松町子氏、明先生の運輸大臣事務秘書官を務めた日本空港ビルデング副社長の鈴木久泰氏、大野家の住み込み家政婦だった本坊千代子氏、明先生の元公設第二秘書・柳沼由子氏、明先生とつや子先生の政策担当秘書を務めた立正大学法学部教授の山下学先生にも、あらゆる面でご尽力いただいた。泰正先生をご紹介下さった参議院議員・高橋克法先生にも深謝申し上げる次第である。出版事情が厳しさを増す中、本書の刊行をご快諾下さった振学出版の荒木幹光氏にも深甚なる謝意を表したい。

他にもお名前を挙げなければならない方々が何人もいるが、紙幅の都合により、それが叶わなかった。どうかご容赦願いたい。

もちろん、これだけ多くの皆様のご支援を受けて完成を見たものの、本書の中に誤りや不足があるとすれば、それは全て筆者一人の責任である。読者のご叱咤を賜れば幸いである。

二〇二三（令和五）年五月三一日

茗荷谷の研究室にて　　丹羽文生

大野明略年譜

一九二八（昭和三）年　一一月一三日、岐阜県山県郡谷合村に生まれる
一九五二（昭和二七）年　慶應義塾大学法学部政治学科卒業
サラリーマンを経て、父・伴睦の私設秘書を務める傍ら、印刷会社や洋服店、タクシー会社を経営
一九五六（昭和三一）年　植松つや子と結婚
一九五八（昭和三三）年　日本耐火建築株式会社（後の大明建設株式会社）を設立し、取締役社長に就任
一九六一（昭和三六）年　株式会社グランドホテル岐阜代表取締役副社長に就任
一九六二（昭和三七）年　東放企業株式会社取締役に就任
一九六四（昭和三九）年　株式会社ラジオ岐阜取締役に就任
衆議院議員に初当選
一九六七（昭和四二）年　衆議院議員に再選
一九六九（昭和四四）年　衆議院議員に三選
一九七〇（昭和四五）年　労働政務次官に就任
一九七二（昭和四七）年　衆議院議員に四選

一九七三（昭和四八）年　自民党労働部会長に就任
一九七四（昭和四九）年　大蔵政務次官に就任
一九七五（昭和五〇）年　衆議院社会労働委員長に就任
一九七六（昭和五一）年　自民党副幹事長に就任
衆議院議員に五選
衆議院運輸委員長に就任
一九七九（昭和五四）年　衆議院議員に六選
一九八〇（昭和五五）年　衆議院議員に七選
自民党国民運動本部長に就任
一九八二（昭和五七）年　労働大臣に就任
一九八三（昭和五八）年　衆議院議員選挙で落選
一九八六（昭和六一）年　衆議院議員に八選
一九八七（昭和六二）年　自民党総務副会長に就任
一九八八（昭和六三）年　自民党外国人労働者問題特別委員長に就任
衆議院予算委員長に就任
一九八九（平成元）年　自民党経済・物価問題調査会長に就任

一九九〇（平成二）年　自民党財務委員長に就任
衆議院議員に九選
運輸大臣に就任
一九九一（平成三）年　衆議院証券及び金融問題に関する特別委員長に就任
自民党選挙制度調査会長に就任
一九九二（平成四）年　衆議院より永年在職議員表彰を受く
一九九三（平成五）年　衆議院議員選挙で落選
一九九五（平成七）年　参議院議員に初当選
一九九六（平成八）年　二月五日、逝去（享年六七）
正三位勲一等旭日大綬章受章

大野つや子略年譜

一九三四（昭和九）年　二月二七日、東京府東京市目黒区に生まれる
一九五二（昭和二七）年　国府台女子学院高等部卒業
一九五六（昭和三一）年　大野明と結婚
一九九六（平成八）年　参議院議員に初当選
二〇〇一（平成一三）年　初代法務大臣政務官に就任
参議院議員に再選
二〇〇二（平成一四）年　参議院文教科学委員長に就任
二〇〇四（平成一六）年　自民党高齢者特別委員長に就任
二〇〇五（平成一七）年　参議院自民党副幹事長に就任
二〇〇六（平成一八）年　自民党人事局長に就任
二〇〇七（平成一九）年　旭日中綬章受章
二〇二一（令和三）年　一月二六日、逝去（享年八六）
従四位に叙される

参考・引用文献一覧

朝日新聞社編『自民党　保守権力の構造』（朝日新聞社、一九七〇年）
朝日新聞政治部編『連立政権回り舞台』（朝日新聞社、一九九四年）
安藤俊裕『政客列伝』（日本経済新聞出版社、二〇一三年）
伊藤惇夫『政党崩壊　永田町の失われた十年』（新潮社、二〇〇三年）
稲葉忠典『私の言い分　明日の県政発展のために』（中ニッポン社、一九六五年）
今井久夫『反骨の宰相候補　中川一郎』（経済往来社、一九七九年）
『うら話・リクルート国会　七十二日間の攻防』（大野アキラ事務所、出版年不明）
大嶽秀夫編『政界再編の研究　新選挙制度による総選挙』（有斐閣、一九九七年）
大野明『明日をひらく労働政策　豊かな勤労者生活を目指して』（労働法令協会、一九七四年）
大野明「新春ごあいさつ　団らんのある暮らしをめざして」『労働時報』一九八三年一月号（労働資料協會、一九八三年）
大野明「父伴睦があと三年存命なら・・・」『建設春秋』第八巻第二号（労働基準調査会、一九八三年）
大野明、岸ユキ「未来を築く交通運輸を考える」『文藝春秋』一九九〇年八月号（文藝春秋、一九九〇年）
「大野明論」『経済時代』一九七〇年七月号（経済時代社、一九七〇年）

大野つや子「わが健康」『国会ニュース』一九九八年一月号（国会ニュース社、一九九八年）
大野伴睦『大野伴睦回想録』（弘文堂、一九六二年）
大野伴睦先生追想録刊行会編『大野伴睦　小伝と追想記』（大野伴睦先生追想録刊行会、一九七〇年）
大野正雄『伴睦さんは生きちょんさる』（大野正雄、一九六九年）
大平正芳記念財団編『去華就實　聞き書き大平正芳』（大平正芳記念財団、二〇〇〇年）
奥島貞雄『自民党総裁選　権力に憑かれた亡者たち』（中央公論新社、二〇〇六年）
海部俊樹『政治とカネ　海部俊樹回顧録』（新潮社、二〇一〇年）
「顔　議員婦人の生活と意見」『政界春秋』一九八三年三月号（政界春秋社、一九八三年）
垣見洋樹編『海部俊樹回想録　自我作古』（樹林舎、二〇一五年）
金原左門編『戦後史の焦点　昭和現代のドラマの舞台裏』（有斐閣、一九八五年）
岸本弘一『議会は生きている　国会百年、政治家はかく語った』（時事通信社、一九九〇年）
木立真行『いざや承け継がなん　長州と安倍晋太郎』（行政問題研究所、一九八六年）
小枝義人「第74回多士詳伝　大野明」『自由民主』二〇一一年七月二七日号（自由民主党本部、二〇一一年）
国会通信社編『三木武夫の熱い二百日』（国会通信社、一九七九年）
「この人と60分（36）大野つや子さん」『国府台女子学院広報総合版』第八七号（国府台女子学院、

一九九七年）
「今月のインタビュー　大野明衆議院議員」『政界春秋』一九九一年九月号（政界春秋社、一九九一年）
斉藤剛『大蔵大臣・水田三喜男　その生涯を時代と共に綴る』（中央公論事業出版、二〇一六年）
塩田潮『郵政最終戦争』（講談社、二〇〇五年）
信田智人『官邸外交　政治リーダーシップの行方』（朝日新聞社、二〇〇四年）
「次代を担う政界のホープ　衆議院議員大野明論」『経済時代』一九六七年四月号（経済時代社、一九六七年）
自由民主党編『自由民主党党史　党史編』（自由民主党、一九八七年）
自由民主党編『自由民主党党史　証言・写真編』（自由民主党、一九八七年）
自由民主党国民運動本部編『国民運動本部の歩み』（自由民主党国民運動本部、一九九一年）
自由民主党広報本部新聞出版局編『自由民主党のあゆみ』（自由民主党、二〇一五年）
「政・財界の名士を集めた大野植松両家の結婚式」『経済時代』一九五七年一月号（経済時代社、一九五七年）
竹中治堅『首相支配　日本政治の変貌』（中央公論新社、二〇〇六年）
田村重信、豊島典雄、小枝義人『日華断交と日中国交正常化』（南窓社、二〇〇〇年）
中北浩爾『自民党政治の変容』（ＮＨＫ出版、二〇一四年）

橋本五郎、加藤秀治郎、飯田政之『図解・日本政治の小百科』（一藝社、二〇〇二年）
服部龍二『中曽根康弘 「大統領的首相」の軌跡』（中央公論新社、二〇一五年）
「FOCUS WIDE 評判の閣僚婦人」『FOCUS』一九九〇年三月一六日号（新潮社、一九九〇年）
福田赳夫『回顧九十年』（岩波書店、一九九五年）
藤本一美『「解散」の政治学 戦後日本政治史』（第三文明社、一九九六年）
藤本一美『戦後政治の決算 1971〜1996』（専修大学出版局、二〇〇三年）
「米国人妻VS未亡人 岐阜補選『女の闘い』」『週刊朝日』一九九六年三月二二日号（朝日新聞出版、一九九六年）
増田卓二『実録三木武夫』（ホーチキ商事出版部、一九七五年）
溝口泰正『中部国際空港物語 建設の歩み』（中日新聞社出版開発局、二〇〇八年）
御手洗辰雄『三木武吉伝』（四季社、一九五八年）
村上勇『激動三十五年の回想』（村上勇事務所、一九八一年）
戦後労働行政秘史編纂委員会編『歴代労相と戦後労働行政秘史』（労働問題研究会義、一九八四年）
読売新聞政治部編『平成改元』（行研、一九八九年）
林金莖『梅と桜 戦後の日華関係』（サンケイ出版、一九八四年）
渡辺恒雄『派閥 保守党の解剖』（弘文堂、一九五八年）

丹羽 文生（にわ ふみお）

1979（昭和54）年、石川県生まれ。東海大学大学院政治学研究科博士課程後期単位取得満期退学。博士（安全保障）。拓殖大学海外事情研究所助教、准教授、教授を経て、2022（令和4）年から政経学部教授。国際日本文化研究所所長、大学院地方政治行政研究科教授。この間、東北福祉大学、青山学院大学、高崎経済大学等で非常勤講師を務める。岐阜女子大学特別客員教授。著書に『評伝 大野伴睦　自民党を作った大衆政治家』（並木書房）等多数。

「伴睦二世」の戦後史
大野明とつや子の政治人生

2023年9月20日　第一刷発行

著　者　丹羽 文生

発行者　荒木 幹光

発行所　株式会社振学出版
東京都千代田区内神田1-18-11 東京ロイヤルプラザ1010
TEL03-3292-0211　https://www.shingaku-s.jp/

発売元　株式会社星雲社（共同出版社・流通責任出版社）
東京都文京区水道1-3-30
TEL03-3868-3275

印刷・製本　サンケイ総合印刷株式会社

ISBN978-4-434-32583-0　C0031

株式会社 振学出版
〒101-0047 東京都千代田区内神田1-18-11
東京ロイヤルプラザ1010
TEL/03-3292-0211
URL:https://www.shingaku-s.jp/